I

II © Archives Jean Baudrillard

Ⅲ

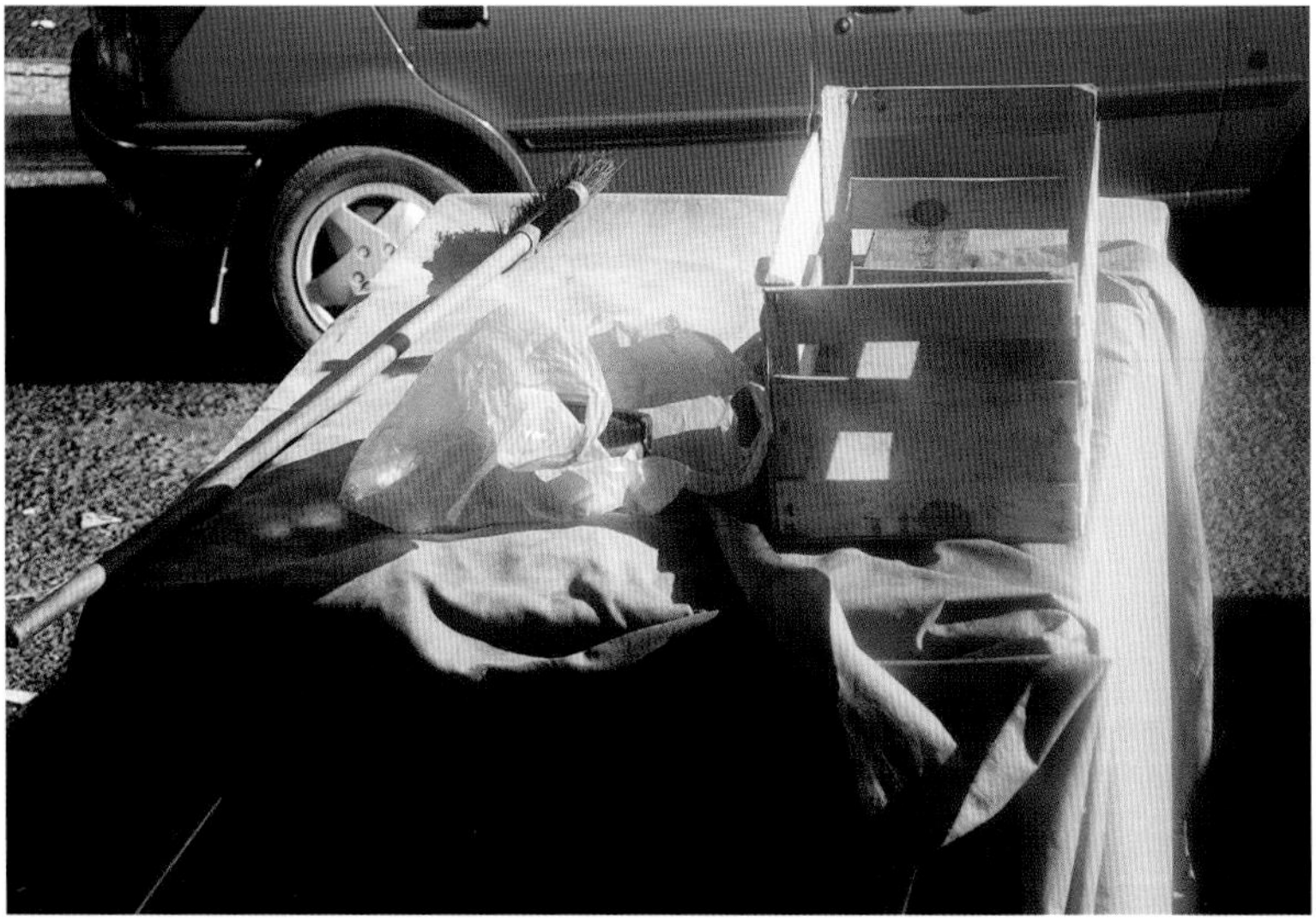

Ⅳ © Archives Jean Baudrillard

V

Ⅵ

Ⅶ

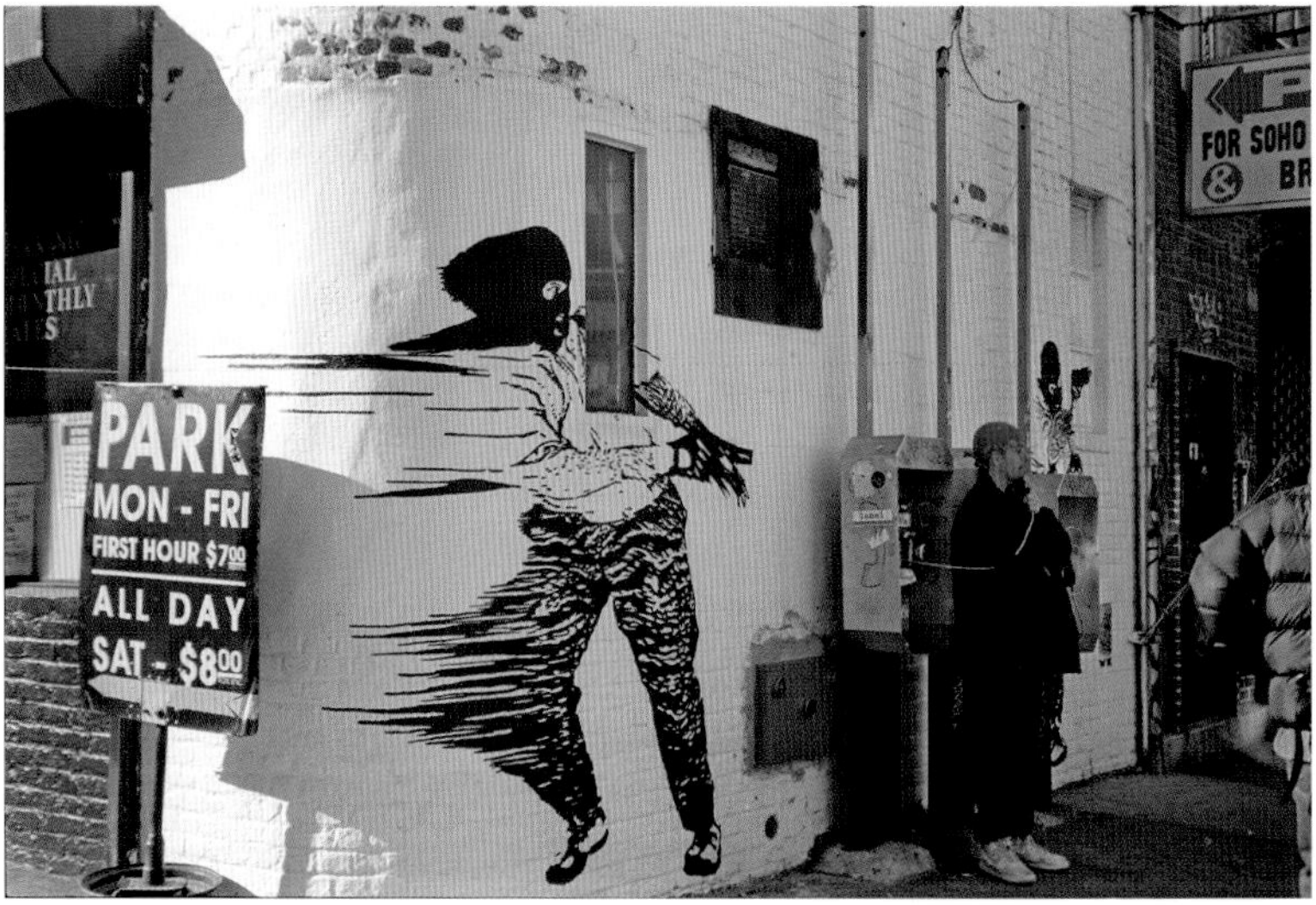

Ⅷ

Jean Baudrillard
La passion de l'objet

ボードリヤールとモノへの情熱

現代思想の写真論

著
アンヌ・ソヴァージョ
ANNE SAUVAGEOT

写真
ジャン・ボードリヤール
JEAN BAUDRILLARD

訳
塚原史
FUMI TSUKAHARA

人文書院

目次

【凡例】

・訳者による補足・補注は、短いものは〔　〕で補い、長いものは＊を付し下段に示した。また、主要人物については、必要に応じて氏名の原語表記・生没年・主要著作も示した。
・原文中の文献引用は特記のない限り塚原訳による。
・頻出の Jean Baudrillard は一部を除き「ジャン」を省略した。
・原注は通し番号だが、訳文では各章ごとに（1）（2）…の番号を付し、下段に示した。
・原書巻末の参考文献は邦訳のある著作に限り掲載した。
・原書引用文献の頁数など、明らかな誤記は訂正した。

謝　辞

次の人びとに謝意を表する。

マリーヌ・ボードリヤール*へ。その温かい協力と友情に満ちた支援に対して。

ジャック・ベティヨンとジャン・ヒメネスへ。この書物を執筆する計画を私に受け継がせてくれた、彼らの個性そのものである熱意と寛大さに対して。

ピエール・リシャールの「アンプラント」写真工房へ。私のために多くの時間、そして私が称賛してやまない高度の職業的な能力を割いてくれたことに対して。

* Marine Dupuis Baudrillard：ジャン・ボードリヤール夫人。『科学と未来（*Sciences et Avenir*）』誌写真部門元編集長、現在パリ在住。

序章

私たちに視線を向け、私たちを見つめ、私たちを夢想して、私たちのことを考えているもの、それがモノ（objet）[*1]である……。モノは、そのシステム、その悪ふざけ、そのよそよそしさ（異物性）、その消滅、さらにはその内在性を通じて、あらゆる力を行使しているのではないだろうか？　モノの生産から、消費とシミュレーションを通過してモノの脱現実化（déréalisation）にいたるまで、ジャン・ボードリヤール（Jean Baudrillard, 1929-2007）はたえずモノ（とその分身）を刺激し、向きを変えさせ、振り向かせ、手荒く扱い、さまざまな著作やエッセーやインタビューで彼が仕掛けた対決の過程で、モノに不意打ちを食らわせてきた。モノの現実性をつねに疑問視してきたボードリヤールは、大学人としてのキャリアの開始[*2]以来モノを隠れ処から追い出してきたが、思想家としての執筆に時間を取られて、この種のキャリアを持続的に追求すること

*1　以下「モノ」と表記、場合によって「客体」、「被写体」等と併記。

*2　博士論文にもとづく著書『物の体系』一九六八。

はなかった。*1

本来の用途から転じて商品となったモノが展開する「記号の一貫した体系」(1)を、当時〔一九七〇年代〕パリ大学ナンテール校で社会学を講じる研究者だったボードリヤールは新たな光のもとで解読する。それ以来、ますます衝撃的になってゆく著作を通じて、人工物《アルトファクト》と化したモノの超生産（消費のための巨大な企てに引き継がれる生産）の漂流を追いかける追跡ゲームが始まる。使用価値から逃れたモノは、パブリシティ（宣伝広告）と流行の作用（それ自体がモノ化しているが）を通じて超＝物象化（sur-réification）されること以外の賭け金（ゲームへの参加の費用）を必要としただろうか？　だからこそ、消費されるイメージの力を借りて、モノはガジェットとなり、モノの外観が現実に勝利する。第一幕だ。

この段階で問題となるのは、もはやモノ自体ではなくてイメージ――モノ自体のイメージ――であり、それ以後、デジタル時代がもたらすシミュレーションの体制によって生産される指向対象《レフェラン》を持たないあらゆるイメージが出現する。それは何ひとつ、ディスプレイ画面上に次々に現われるモノさえも、表象（再＝現前）することのないイメージであり、まったく抽象的なアルゴリズムの産物にすぎない。モノのパブリシティのスペクタクル化と、その演出の記号論的支配を通じてボードリヤール

*1　一九八〇年代半ばにパリ大学ナンテール校退職。

(1) J. Baudrillard, *Le Système des objets*, Gallimard, Paris, 1968. ボードリヤール『物の体系』（宇波彰訳、法政大学出版局）

が予告するのは、現実とモノが記号やコード、つまりそれらの表象とまだ交換可能だった象徴的なものの時代の終わりであり、ヴァーチャルなものの出現がラディカルな脱現実化を作動させる。第二幕だ。

だが、シミュレーションによっていたるところで称賛される事態――DNA、神経や伝達物質の微粒子の回路、流体や物体などのレベルのシミュレーション――は、じつは現実の消滅ではなくて、インテグラルな現実の到来、つまり、現実より現実的で、真実より真に迫った、幻想より幻想的なモデルの支配を意味する。抽象化されたデジタル言語にもとづくので、無限に変容可能で更新可能で改良可能なモデルの世代が、ハイパーリアリティへの接近路を開く――完全に非物質的であるために、自然より真に迫った現実である。ヴァーチャルがリアルを消去する場合でも、リアルがあらゆる形態の現実を支える幻想、つまりリアルの皮膚に貼りついた根源的幻想の殺戮を伴わない限り、完全犯罪は成立しないだろう。第三幕だ。

そのあとに、何が残るだろうか？　記号と交換されるモノの終わり、シミュラークルと交換される記号の終わり、ハイパーリアルと交換されるシミュラークルの終わり。幻想の終わり。「なぜ、すべてがすでに消滅しなかったのか？」[2]と、ボードリヤールは、消滅の技法〔写真論参照〕

(2) J. Baudrillard, *Pourquoi tout n'a-t-il pas disparu?*, L'Herne, Paris, 2007. ボードリヤール『なぜ、すべてがすでに消滅しなかったのか』（塚原史訳、筑摩書房）

に魅せられたのと同じようにうっとりとして自問する。あらゆる立場の知識人が彼をニヒリストとみなしたのとはほど遠く、この詩人哲学者（le philosophe poète）はモノの力と策略に驚異を感じていたのだが、当時は彼らを言い負かそうとはしなかった。ボードリヤールの思想がどれほど矛盾に満ちて、挑発的で、逆説的で、末期的症状を呈するように思えたとしても、この哲学者は主体を王座から引きずり下ろそうとし続けた。主体とモノの対決？　独自の戦法で勝つのは、モノのほうだ。「モノは他の何かに還元不能な分け前を維持するから、思想に真の戦いを挑むのはモノのほう」(3)なのであり、この分け前とともに、モノは人間と思想の出現に先立つラディカルな幻想を保存している。啓蒙哲学に抗して、主体の合理性に抗して、他者性の戦略と思想の逆説的な方向転換のために、ボードリヤールは懐疑的アイロニーの分け前と幻滅のパワーの復権を進んで要求する。彼の思想はカタストロフと戯れ、出来事を創り出すが、だからと言って、終末を予測するわけではない。主体とモノとの決闘がいつまでも続く以上、終末の訪れは問題にならないだろう。

アメリカの砂漠を横断中に（一九八〇年代）、写真家になった哲学者〔ボードリヤール〕の眼の前に、幸運にも、ひとつの裂け目が姿を現す。多くの長旅を重ねるうちに、実際ボードリヤールは「書くことからも、

（3）P.-H. Jeudy, "La mise à mal de la sociologie", *Cahier Baudrillard*, L'Herne, Paris, 2004.

理論からも言説からも逃れる」[4]という満足を見出す。それは観念やイデオロギーの過剰に対抗するのに都合の良い気晴らしだった。情け容赦ない自動機械であるカメラのレンズ（objectif）という眼が提供する〔目の前の現実からの〕退却が、「感覚や文字に対抗するモノの記述性を発見し、そこにイメージの壊滅的な機能を再発見すること」[5]を、彼に可能にしたのだ。その場合、思想家としての存在は排除され、彼は写真撮影という行為に捕捉されて「被写界」中に移動する。自動機械の「シャッターボタンにかける圧力」がモノの象徴的機能を停止すると同時に、主体を意味作用の支配から解放する。銀塩写真のネガは――デジタル写真以上に――イメージから「重さ、立体感、匂い、奥行き、時間、連続性、そしてもちろん意味などのあらゆる次元をひとつずつ取り除く」[6]。こうして、イメージは「純粋な外観」というモノの対象性を保証するが、その誘惑と幻想は、もはや現実と対立しないのである。写真家としての実践を通じて、ボードリヤールはオブジェへの奥深い欲望を実現するが、それは彼なしでも存在可能なオブジェだ。主体に関する難問から進んで身を引いて。ボードリヤールは彼の仕事の全過程を通じて、消費が変装させ、シミュレーションが破滅させたオブジェたちに魅了されているという事実を公然とひけらかし、結局、オブジェに対する彼の情熱を誇示す

（4）Conférence-débat de Jean Baudrillard, "C'est l'objet qui nous pense", université Toulouse II-le Mirail, 7 avril 1999.（ボードリヤール講演＋討論「モノが私たちのことを考えている」本書に訳出）

（5）Ibid.

（6）J. Baudrillard, *Car l'illusion ne s'oppose pas à la réalité*, Paris, Descartes & Cie, 1998.

るのだが、それは情熱を授けられたオブジェであり、それ自体の生命を持つオブジェなのである。(7)

本書のここから先のページは、知識人ボードリヤールが生涯を通じて維持したモノとの共犯関係のいくつかの特徴を再現しようとするものである。人びとの眼をくらませる彼の特異な思想は、フロイト、マクルーハン*1、アルトー*2等々の場合がそうだったように、私たちの時代の徴《しるし》となっている。すべての読者――とりわけ社会科学の研究者たち――が、ボードリヤールの奇術めいた文章や辛辣で破壊的なはぐらかしに賛同するわけではないとしても、本書の各章は、その衝撃的な思想によって、じつに多くの場面で過去数十年間の出来事を先取りしていた哲学者のひとりに捧げる賛辞《オマージュ》となることを意図している。

というのも、この序章はジャン・ボードリヤールが一九九九年四月七日トゥールーズⅡ＝ル・ミライユ大学*3で行った講演をきっかけとする考察への導入部にすぎないのだが、彼の講演自体は同じ日にシャトー・ドー画廊〔トゥールーズ〕で開幕したボードリヤール写真展を紹介するものだった。本書には「私たちのことを考えているのはモノのほうだ」と題されたこの講演全文が収録されている〔第二部〕。講演に伴う写真はボードリヤール夫人マリーヌ・ボードリヤールによって提供された。彼

(7) J. Baudrillard, *Mots de passe*, Paris, Pauvert-Fayard, 2000. ボードリヤール『パスワード』(塚原史訳、NTT出版)

*1 「メディアはメッセージである」と主張して現代文明論を刷新したカナダ出身の思想家。

*2 シュルレアリスムの詩人・演劇家。

*3 現在はトゥールーズ＝ジャン・ジョレス大学。

女に深い感謝の意を表したい。

Ⅰ　ボードリヤールとモノへの情熱

1 記号としてのモノ
L'OBJET SIGNE

一九六六年、ボードリヤールはパリ第一〇大学ナンテール校でアンリ・ルフェーヴル[*1]の指導の下に社会学の博士論文を提出し、一九六八年に『物の体系』(*Le système des objets*)がガリマール書店から出版されることになる。これらの年代が重要なのは、一九六八年五月革命がその紋章となった深刻な知的、政治的、社会的動乱が起った時期の沸騰状態の歴史に書き込まれた時期だからだ。それ以後、マルクス主義が提唱する史的唯物論に、新左翼諸派(『社会主義か野蛮か』や『インターナショナル・シチュアシオニスト』など)が介入するだろう。工業化の進んだ諸国は経済発展の絶頂期にあったが、時代遅れの社会構造に疲弊し、世代間や両性の社会関係、多様な権力やヒエラルキーなどを標的にしたイデオロギーと壊滅的価値観の出現に伴う危機を経験していた。その際、ブルジョワジーと中間諸階級の特権として、社会的「モラル」となっていた

*1 Henri Lefebvre, 1901-1991 : *Critique de la vie quotidienne*(『日常生活批判』)等。

消費をめぐる競争も、当然標的にされたのである。

こうした、とりわけ一九六〇年代以降の一触即発的な状況のもとで、ボードリヤールは生産をめぐる批判的考察を企てる。社会的需要を大幅に越えて、飽和状態に達するまで増え続けるモノの消費以外の目的性を持たない生産である。ある製品が市場に現れることは、実際、その目的である実用的範囲で定められた用途に対応するよりは、その欠如を思い描く想像力にいっそう対応している。したがって、技術的な面だけでなく形態や外観の面でも無限に改良可能であることを特徴とする商品を媒介として、欠如感を創り出すことが必要なのだ。生産の二者対立的な関係（ブルジョワジー対プロレタリアート）に焦点を合わせる史的唯物論は、この段階で際立つ疎外[*2]の新たな形態――各人にアイデンティティと社会的位置づけを割り当てるモノの過剰に個人が従属すること――を理解するには、もはや適切ではない。モノの価値の釣り上げが、生産／消費のタンデム[*3]の無視できない補助者であるパブリシティに助長される事態は、こうして、社会的領域での新たな意味づけを伴うことになる。

たとえば、家具や家庭内の日用品の仕様について、ボードリヤールは

*2　本来は生産者であるプロレタリアートが生産物とその超過利潤から排除される状況。

*3　ハンドルとサドルが二つ付いた二人乗り自転車。

日常的なモノがその技術的構造の客観性と外観のフォルムの主観性の間で受け取る規定の複数のレベルをつぎのように説明している。

「コーヒーミルの場合、「本質的」で構造的なものは電動モーターであり、発電所から供給される電力であり、エネルギーの生産と変換の諸法則である——だが、特定の個人の欲求に関して、それほど客観的ではないのはコーヒー豆を挽くという特定の機能であり、そのコーヒーミルが緑色で長方形か、ピンク色で台形かなどということは、まったく客観的ではないし、非本質的なのだ。(1)」

モノに付与される共示的意味《コノテーション》を通じて、モノは「話し言葉《パロール》」に同化可能な商品になるが、ここで話し言葉とは購買衝動を誘発することを第一の目的とする記号論的体系のことである。家庭内のモノは人びととの行動からますます自立し、ミニチュア化し、自主管理化し、自動化して、脱現実化するばかりでなく、デザインとモードの領域、さらには幻覚の領域で純化される。「アイロンの取手は消滅して、その輪郭だけが残り（薄さと抽象性を特徴づける表現だ）、ますます〔取手を握る〕行為の不在をめざすようになる……(2)。モノの脱現実化そのものだが、ファンタスマゴリー*1

（1）J. Baudrillard, *Le Système des objets*, *Gallimard*, Paris, 1968, p.15.『物の体系』

（2）Ibid., p.78.

*1 魔術幻燈劇：ベンヤミン『パサージュ論』他参照。

のような場面でもある。

「（自動車の）翼〔左右の後部の翼状の突起〕は現実の速度の記号ではなくて、限界のない至上の速度という意味作用を担っている。翼は奇跡的な自動性と、ある種の恩寵を暗示する。想像力にとっては、この翼の潜在的なパワーが自動車に推進力を与えて、車が自分の翼で飛んで行くように見えてしまうのだ……。(3)」

『物の体系』は、こうして記号の普遍的体系への変容を遂げる。欲望の記号に変貌したモノは、モノの個性化の過程を可能にし、消費者の個人的価値観が、特別な趣向の腕時計や「花模様のゴミ箱」といった個性化されたモノと結びつくことになる。

ここで、ボードリヤールは多様な思想の潮流の十字路に位置している。それらには独特の従属関係が見られるとはいえ、「モノという癌細胞(4)」の支配下で繁栄する『消費社会(5)』という文脈で、たがいに補充しあう思想である。ボードリヤールは、後に写真への情熱を共有することになるロラン・バルト*2の『現代社会の神話(6)』の後継者であり、ディスタンクシオン*3の徴候に敏感に反応するピエール・ブルデュー*4のような社会学

(3) *Ibid.*, p.84.

(4) J. Baudrillard, *Le Système des objets*, *Gallimard*, Paris, 1968, p.175.『物の体系』

(5) J. Baudrillard, *La Société de consommation*, Paris, Gallimard, 1970. ボードリヤール『消費社会の神話と構造』（今村仁司・塚原史訳、紀伊國屋書店）

*2 Roland Barthes, 1915-1980：本書との関連著作は『明るい部屋―写真についての覚書』一八九〇等

(6) R. Barthes, *Mythologies*, Paris, Seuil, 1970. バルト『現代社会の神話』（下澤和義訳、みすず書房）

*3 階級格差を特徴づける文化的差異。

*4 Pierre Bourdieu, 1930-2002

者の同時代人でもあったが、ギー・ドゥボール*1が一九六七年に『スペクタクルの社会』(7)で表明した社会批判を越えて進むべきだと考えたとはいえ、「インターナショナル・シチュアシオニスト*2」の運動とも連帯していた。

ロラン・バルトの影響を受けたボードリヤールは、思惟や文章のエレガンスや批判的立場——ブルジョワ的イデオロギーとパブリシティの眩惑的な言説を批判し、商品による操作を批判する立場——を通じて、明らかにバルト的であろうとしていた。記号理論の先駆者だったバルトは、パブリシティのレトリックの仮面を暴き、あらゆる消費対象に付随する記号内容《シニフィエ》の集合の中に秘かに、陰険に隠れている「付加価値」を追い出すことを好んだのである。モノ＝記号とは、「形態《フォルム》を持つ思想」のことであり、また自動車の例だが、車は、そのボディラインやクローム加工の金属部分やシートのクッションなどの記号表現《シニフィアン》とはまったく別の性質の記号内容を言外にほのめかしている。豪華さ、社会的ヒエラルキー、権限や権力などだ……。バルトによれば、こうして、神話は機能性や快適さやナチュラルさといった穏当な外観の裏側に、イデオロギー的なメッセージを覆い隠す偽りの言葉《パロール》を含むものとして理解される。神話とは生産／消費のタンデムの前進を目的とする社会システムに奉仕す

*1 Guy Debord, 1931-1994：現代フランスの思想家・アクティヴィスト（下記参照）。

(7) G. Debord, *La Société du spectacle*, Paris, uchet/Chastel, 1967. ドゥボール『スペクタクルの社会』（木下誠訳、ちくま学芸文庫）

*2 ドゥボールらが一九五〇年代に創設した国際的政治・文化革命運動。既成の価値観を乗り越えて、日常性のラディカルな転覆による新たな状況を通じて現代社会の変革をめざした。

るための、文化的に方向づけられた偽装工作として立ち現れる。ボードリヤールは、ロラン・バルトによれば権力を握る階級（ブルジョワジー）がでっちあげるような欺瞞的神話の側で危険を冒すことはほとんどなかったとはいえ、そのかわりに、物の体系を、あらゆる象徴的次元を脱ぎ捨てた恣意的な記号のシステムと同一視している。伝統的な象徴としてのモノ（道具や家具類、家など）の場合には〔所有者や使用者との〕具体的な関係の媒体にとどまっていたから、多様な意味を含んでいたとしても、恣意的ではない特定の用途との関係に位置づけられていたので、消費されるモノではなかった。ボードリヤールはこう述べる。

「消費されるモノになるためには、モノが記号になることが必要だ。つまり、もはや意味を表示するだけの関係に対して、何らかのやり方で外部的になる必要がある。〔…〕モノは、けっしてその物質性においてではなく、差異において消費される。〔…〕関係性はもはや体験的なものではなく、関係性自体が消費されるモノ＝記号において抽象化され、廃絶される。」(8)

有能な実利主義者である広告業者は、社会的差異化の消費喚起力に関

(8) J. Baudrillard, *Le Système des objets*, Gallimard, Paris, 1968, p.277.『物の体系』

するボードリヤールの分析と、その後のブルデューの分析[*1]を彼らの利潤追求戦略に完璧に組み込むことができた。ジャック・セゲラ[*2]が一九八一年の著作『ハリウッドはもっと白く洗えます』[(9)]で提案したスター・システムは、彼が開発した逆説的なプロセスのあらゆる有効性を提示している。第一に、広告＝パブリシティの課題はモノ、製品、ブランドを個性化し、その商品を消費する際に誰でもそれとわかるようなスターにすることだ。次に、映画スターのイメージを消費されるモノと同一化して、ラディカルに希少化するのである。したがって、モノ（客体）に個性＝人格を与え、消費者（主体）にはモノを与えるわけだが、それはボードリヤールが、この広告業者がそう主張するずっと前に確認していたことである（その後、セゲラはフランスの大統領選挙でミッテラン陣営の広報顧問になった）。ボードリヤールが述べたことは、広告業者の名文句[*3]をはるかに先取りしている。

「パブリシティがモノに付け加えることがら、それなしには「ただのモノでしかないような」ことがら、それは熱気である。〔…〕モノは熱いか、冷めているか、どちらかだ。つまり、無関心でよそよそしいか、自発的で、誠実で、交流可能で、「人格化（個性化）」さ

*1 『ディスタンクシオン』一九七九等。

*2 フランス広告業界の中心人物。

(9) J. Séguéla, *Hollywood lave plus blanc*, Paris, Flammarion, 1982.

*3 「ハリウッドはもっと白く洗えます」

れているか、である。モノは、もはや特定の用途（粗野で時代遅れの習慣）で使われることを提案するのではなく、自分から姿を現して展開し、あなたを探し求め、あなたを取り囲み、モノがその外観の豊富さや溢れるほどの量感によって存在することを、あなたに証明してみせる。あなたはモノに狙われている、愛されている。〔…〕モノが私を愛してくれるなら（モノはパブリシティを通じて私を愛する）、私は救われるのだ。[10]」

消費社会の根本的なイデオロギーを表す概念である「人格化（個性化）」をめぐる広告業界の主張は、こうして、消費者の社会的上昇の願望に依拠しながら、各人を統合することを狙っている。差異を求める渇望は、またしても逆説的な二重のメカニズムをもたらすとしても、形式的には自由の記号として体験されるような社会的差異の記号の全能の製造者（メーカー）であるモノは、差異の多様化――少し後でブルデューが「ディスタンクシオン」（区別＝格差）と言うだろう――を激化させると同時に消費財の均一化を進めようとする。ジーンズといってもみな同じではなく、このジーンズもあればあのジーンズもあるが、ブランドによる区別が目立たない場合には、エルメスのタグ付きのスカーフな

（10）J. Baudrillard, *Le Système des objets*, *Gallimard*, Paris, 1968, p.239.『物の体系』

ら、そのまま間違いなく差別化にたどり着けるだろう。ボードリヤールの社会学的分析は、ここでも、ブルデューが確立した社会学を先取りしている。その点で、彼に間違いはなかった。「モノは、個人の階層（カテゴリー）をきわめて一方的に誘導するモノの階層そのものであり、社会的意味の秩序の治安を維持している……」(11)。消費はスタンディング（社会的地位）と豊かさと民主主義の幻想の専有物になった。モノが豊富にあればあるほど、すべての人にとって豊富にあればよい、というわけだが、この皮肉な表現がまやかしにすぎないことは最近の経済危機*1で明らかになっている。ボードリヤールは、ガルブレイスを筆頭とする体制公認のエコノミスト(12)とは異なり、騙されやすい学者ではなかったから、消費に関する理論において「経済成長自体が不平等の機能を持つ」*2(13)ことを理解していた。消費は特権的な社会構造がそれ自体を再生産して(14)維持することだけでなく、とりわけ、それ自体を強化することを可能にする。このプロセスは充分に調整済みであり、モノ＝記号が快適な生活という見せかけの下に隠れた、階層化と社会的差異化のオペレーターとなる。モノ＝記号は「理想的準拠としてとらえられた自己の集団への所属を示すために、あるいはより高い地位の集団をめざして自己の集団から抜け出すために」(15)、あなたを区別することを可能にするのだ。マーケッ

(11) *Ibid.*, 266.

*1 二〇〇八年リーマンショック。

*2 『消費社会の神話と構造』

(12) J. K. Galbraith, *L'Ère de l'opulence*, Paris, Calmann-Lévy, 1961. ガルブレイス『ゆたかな社会』（鈴木哲太郎訳、岩波書店）

(13) J. Baudrillard, *La Société de consommation, ses mythes, ses structures*, Paris, Denoël, 1970, p.66. 『消費社会の神話と構造』

(14) P. Bourdieu, *La Reproduction*, Paris, Minuit, 1970 (avec J.-C. Passeron).

(15) J. Baudrillard, *La Société de consommation*,

ティングの専門家たちによって、このプロセスは直ちに実践された。一九七二年に、社会心理学者のベルナール・カトラはハヴァス・ユーロコム（HAVAS EUROCOM）[*3]グループ内にＣＣＡ（「先進コミュニケーションセンター」）を設立し、「ライフ・ソシオ＝スタイルのパースペクティヴ」[16]に関する研究を展開した。その課題は、パブリシティの目標の範囲を精密化し、大規模な標本を対象に毎年サンプリング調査を行って、趣味や行動ごとに各種のグループを割り出すこと、要するに、ライフスタイルに関する消費者の願望を知り、パブリシティの戦略に従ってそれを満足させるよう努めることである。パブリシティで味付けされたライフスタイルは、見かけ上はゴージャスな形態を取った付加価値であり、ボードリヤールが強調するように、中間諸階級が（まさに中間階級以外ではありえないので）とくに気にしている価値観なのだ。

「人びとはたしかにみな生活を持つが、それはますますライフスタイルになってゆく。生活が最初に持った家だとしたら、ライフスタイルはセカンドハウスのようなものだ。上流層になると、人びとはスタイルしか持たなくなる（生まれ、財産、裕福な暮らし、セレブリティ）。生活とスタイルの間にライフスタイルがあるのだ。」[17]

Paris, Denoël, 1970, p. 78.『消費社会の神話と構造』

*3 フランスの広告ＰＲ関係の大企業。

(16) B. Cathelat, *Socio-Styles-Système*, Paris, Éditions d'Organisation, 1990.

(17) J. Baudrillard, *Expression* no. 1, 1986.

消費社会は、それゆえ、階級の論理に依存している。「中間」諸階級には、モノによる安心感（救済）がデモクラシーの原則を保証するが、この原則自体の安心感は選挙にもとづいている。階級の論理は「記号の〔政治〕経済学」に属する選別の論理なのだ。(18) いちばん富裕な層がとりわけ特権的な消費者だとしても、いちばん富裕でない層でも、彼らに可能な範囲の消費には手が届くのである。別の言い方をすれば、モノの使用価値が機能主義的論理を満足させるものだとすれば（いったいどんな社会の場合だろうか？）、交換価値のほうは、もはや社会秩序の基盤である差異の政治的論理を満足させることしかできない。

ロラン・バルトにせよ、ピエール・ブルデューにせよ、ギー・ドゥボールにせよ、あるいは彼ら以前にジョルジュ・ペレック*1にせよ、彼らは皆モノと記号の等価性を指摘することに執着してきた。ここでラウル・ヴァネージェム*2(19)という人物の碑文のような短い言葉が思い出される――「人の年齢はもはや心臓や皮膚でわかるのではなくて、何を買うかでわかる」、あるいは「購買力（pouvoir d'acheter）は能力＝パワーを買う許可証（licence d'acheter du pouvoir）と混同される」。スペクタクルの社会は、マルクスが批判したような生産諸関係の文脈にまだ組み込まれ

（18）Jean Baudrillard, *Pour une critique de l'économie politique du signe*, Paris, Galliamrd, 1972. ボードリヤール『記号の経済学批判』（今村仁司・宇波彰・桜井哲夫訳、法政大学出版局）

*1 Georges Perec, 1936-1982: フランスの作家、『物の時代』一九六五等。

*2 Raoul Vaneigem 1934-: ベルギーの作家、『日常生活の革命』一九六七等。

（19）ラウル・ヴァネージェムは初期のシチュアシオニスト（一九六一年から一九七〇年の離脱まで）で、一九六七年にガリマール書店から『若い世代が使用するための生活マナー読本』を出版（Raoul

ていたとしても、疎外の新たな様式の同義語である、解き放たれた消費の諸結果を通じて、姿を現す。商品の膨大な集積[*3]はスペクタクルそのもののの中で達成されるのである。

　スペクタクルは、商品が「社会生活を完全に占領するようになった」時点で、商品の物神性の原則となる。「商品との関係が可視的になるばかりでなく、もはや商品との関係しか見えなくなる。人びとの目に見えるのは商品の世界なのだ。[20]」スペクタクルの社会をメディアの遍在性とメディアが提供するイメージの過剰――衣服のスタイルやもろもろの商品のパッケージ化の推進、文化的、政治的等々の仕掛け――による豊かな社会の演出にすぎないものとみなすのは間違いである。パブリシティやマーケティングや娯楽や情報やプロパガンダ（政治宣伝）といった多様な形態のもとで、スペクタクルは社会生活の支配的なモデルを構成する。普遍化されたスペクタクルが資本のイメージ化に他ならないことは、ドゥボールが〔『スペクタクルの社会』で〕きっぱりと明言している通りだ。「生産の近代的諸条件が支配的な諸社会の生活はスペクタクルの膨大な集積として出現する。直接体験されたすべてのことがらは表象作用の奥に遠ざかる。」実際、彼にとってスペクタクルとは同時に「現存する生産様式の結果であり、企てでもある」のだ。[21]資本主義経済は交換

Vaneigem, *Traité de savoir-vivre à l'usage des jeunes générations*)。

*3　マルクス『資本論』第一巻第一章。

(20) G. Debord, *La Société du spectacle*, Paris, Buchet/Chastel, 1967, p. 42.

(21) *Ibid.*, p. 6.

価値の利益のために使用価値の傾向的下落を実行してきたので、現実的欲求と見せかけの欲求、体験と表象の切り離しが達成されることになる。使用価値は、もはや真実味を失った生活の維持に必要な擬似的正当化の手段にすぎない。シチュアシオニストたちが真と偽、オリジナルとコピー、正統性と人為性、現実世界とスペクタクルの世界、存在とその亡霊（スペクトル）を対立させる弁証法によって激しく批判したのは、まさに、見せかけと嘘と現実の偽造に満ちた世界だったのである。

ドゥボールとボードリヤールはたがいに警戒心を持ち続けたとはいえ、あらゆる証拠から、彼らの軌跡が一九七〇年代に交叉していることがわかる。二人とも、消費のシステムの倒錯的な諸結果に関して批判的な思想を発表し続けたが、やがて知的なレベルでの訣別が訪れることになった。使用価値に固有な欲求の概念自体はマルクス主義の語彙の中核に位置するとはいえ、モース[*1]の思想の影響を受け、バタイユ[*2]に感銘したボードリヤールは「弁証法」と、さらにはマルクス主義者の実践によって維持された教義（ドグマ）に反逆したのである。『物の体系』や『消費社会』のボードリヤールと『記号の経済学批判』のボードリヤールの間には、無視できない理論的横滑りが見られるが、それは記号からシミュラークルへの移行がもたらす断層のきっかけだった。

*1 Marcel Mauss, 1872-1950：フランスの社会学者・人類学者、『贈与論』一九二五等。

*2 Georges Bataille, 1897-1962：『呪われた部分』一九四九等。

最初の二つの著作で、[*3]ボードリヤールは人間の身体的な生存に必要な原初的欲求の概念をまだ認めていたが、その後モノは原初的な諸機能という荷重を降ろし、互換性のある記号の膨大なネットワークを多様化する存在以外の客観性を持たなくなる。ここで、「欲求のイデオロギー的発生過程」を復習しておこう。

1—使用価値の機能的論理は生産システムの産物である。「自立的欲求は存在できない。存在するのは成長の欲求だけである。[22]」そしてこの意味で、「満たされた」欲求、つまり「完了したもの」としての欲求は存在しないだろう。[23]

2—交換価値の経済的論理が記号の経済学に移し替えられる。交換価値は記号の流通過程の評価基準として見積もられる。

3—価値／記号による差異化の論理は、商品がコードとして、つまりモデルの流通の軌跡として重要になる段階を構成する。(もはや経済だけでなく)文化の全面的媒体化としての、商品のコード化の段階である。[24]

事実上、使用価値と交換価値は潜在的にはすでに消滅している。というより、どちらも政治的、経済的、社会的なゲームの規則を内包する価値／記号の論理に媒介されて、たがいに交換し合っている。この規則こそは私たちのヴァーチャルな文化の特性であり、ボードリヤールが——

*3 『物の体系』と『消費社会の神話と構造』。

(22) J. Baudrillard, *La Société de consommation*, Paris, Gallimard, 1970, p. 88.『消費社会の神話と構造』

(23) Idem. p. 282.

(24) J. Baudrillard, *Pour une critique de l'économie politique du signe*, Paris, 1972, p. 282.『記号の経済学批判』

いくらかの逸脱と自由な発想を伴いつつ――それまで属していた批判的思想の段階の乗り越えを始動させると同時に、シミュレーションの支配への導入路となる。使用価値と交換価値の弁証法から自分自身を解放することで、ボードリヤールは、アンセルム・ジャップが強調するように、[25]「全面的相対性の段階、全般的な置き換えと組合せとシミュレーションの段階」を何の束縛もなしに探索することを可能にする「過剰による方向転換」を実践するだろう。「あらゆる記号がたがいに交換し合うが、今や決して実在と交換されることがないという意味でのシミュレーション」である。[26]

（25）A. Jappe, "Baudrillard. Détournement par excès", *Lignes 31, Le Gai Savoir de Baudrillard*, février 2010.

（26）J. Baudrillard, *L'Échange symbolique et la mort*, Gallimard, 1976, p. 18. ボードリヤール『象徴交換と死』（今村仁司・塚原史訳、ちくま学芸文庫）

2 シミュラークルとしてのモノ
L'OBJET SIMULACRE

モノから記号としてのモノへの移行は、当時〔一九六〇〜七〇年代〕私たちの文化圏ではデジタルの支配はまだほとんど問題にされなかったとはいえ、使用価値の（交換価値を経由した）記号価値への移行とともに、ボードリヤール自身が消費のシステムからシミュレーションのシステムへと移行することを可能にした。もっとも、初期の著作では、彼の関心は日常的なモノ、「直接（無媒介）的な」環境の中のモノに囚われていた（それらはすでに過剰に「媒介化（メディア化）」されていたのだが）。私たちの生活環境を満たすモノはまだ機能的であり、あるいはむしろ、記号としてのそれらの超＝機能性はモノの値打ちの担保のようなものだった。

モノ＝ガジェット、モノ＝ロボット、デザインされるモノ、キッチュなモノ、古風なモノ……。どれを取ってても脱現実化しているこれらのモノ＝記号は、その指向対象となる現実と、かすかではあるが、まだ関係がある。それらはまさに記号であるために、ますます抽象化するコードに従っているとはいえ、表象作用の秩序に存在論上はまだ留まっているからだ。それぞれの記号の背後には（人間関係の代用品である）夢幻的なモノが存在するとしても、その過剰な意味の流れの上流には、指向対象がたしかに存在している。外装の金属部分（クローム）がどうであれ、自動車は輸送手段であり、形態や色が何であれ、コーヒーミルは豆を挽き、花模様が何であれ、ゴミ箱はゴミを集めるのだ。本来の機能をはるかに越えて、それらのモノ＝記号が洗練され、ミニマル化されたり、「より多くの」魂や高度のテクノロジー、あるいは存在自体のノスタルジックな（骨董品的）アウラを持つために消費されるとしても、消費される記号内容《シニフィエ》は、それらが表象する指向対象（車、コーヒーミル、ゴミ箱、家族に伝わる戸棚など）を無効化するわけではない。私たちは表象の領域に留まっているのだ。別の言い方をすれば、記号とモノの等価性の原則の内側にいるのだ。この等価性がさまざまな欺瞞によってひどく台なしにされたとしても、である。そして、あり余るモノと増殖するその幻覚的イメージは、結局、生産諸力の膨大な活性化をもたらすのだが、哲学者ボードリヤールにとって、いったい何がモノを記号としてのモノからシミュラークルへ、〔現実の〕表象からシミュレーションへと移行させたのだろうか？

　モノがヴァーチャルの領域に殺到するこの種の誤解含みの状況自体が、すでにイメージ化されている。とりわけパブリシティのイメージだが、しばしば映画や、もっと頻繁にはＴＶのイメージでもあり、さらに、コンピューターのイメージによって過激〔ラディカル〕化される。消費社会はモノをそのイメージの中に呑みこむことに成功し、モノにとってイメージは宿命的なものとなる。それは、まさに「大量破壊兵器」[1]なのだ。ボードリヤールが意図するイメージのカニバリズム（それ自体の「現実」を食い尽くす「人肉食」）は、イメージが〔現実の〕多様なモデルを生成して、現実とモデルの混同を活発化し、さらに出来事に対するモデルの偏差を実現する傾向のうちに宿っている。

　こうしたイメージの生成は、すでに見た通り、パブリシティがいちばん得意とする操作であり、パブリシティは文化的、政治的なあらゆる表現にまでその形態を拡張することになる。あらゆる領域で、社会性に関する言語活動はパブリシティ（絶対的パブリシティからパブリシティ・ゼロ[2]まで）の活動になれるのだが、もはやあれこれの製品の販売促進に結びついた商品名の宣伝だけが問題なのではない。求められているのは、本

（1）J. Baudrillard, "Ombre et photo", *Cahier Baudrillard*, L'Herne, Paris, 2004, p. 232.

（2）J. Baudrillard, *Simulacres et simulation*, Paris, Galilée, 1981, p. 133. ボードリヤール『シミュラークルとシミュレーション』（竹原あき子訳、法政大学出版局）

来は限定的だった適用範囲をはるかに越えるような言語活動、あらゆる社会的実践に浸透する合意形成のための言語活動である――政治のスタンダード化、文化の画一化、科学の普及、身体や食品や健康や死の世俗化など――パブリシティの形態は社会性をめぐる活動では薄められ、あらゆる特定の目的を越えるモデルに変化する。この種のモデルは、宣伝効果がパロディ化するまで持続することをパブリシティに保証しなくてはならない。職業的専門家によるパブリシティは、社会性を持つ集団の企てに乗り越えられ、この企て自体がパブリシティとなって、「ブランドのイメージを強調することをめざす総選挙（全員投票）」[3]の様相を呈する。イメージによるモノの賛美を目的とするパブリシティにとっては、まさに黄金時代だ。この種のイメージは購買衝動の喚起に集中され、モノの経済的機能に奉仕するが、そのために部分的には、社会性が出現するあらゆる場面で平凡化され、効果が薄められる。こうして、パブリシティはその華やかな想像界を失い、過飽和状態に陥って、ボードリヤールが強調したように、その固有の領地をもたなくなってしまうのだ。

「たとえばフォーラム・デ・アル[*1]は、パブリシティの巨大な集合体であり、宣伝広告の戦略そのものである。それは特定の形態をもた

（3）*Ibid.*, p. 135.

*1　パリの旧中央市場（レ・アル）跡地に一九七九年にオープンした巨大なショッピングセンター（二〇一九年にオーナー企業の名を冠してウェストフィールド・フォーラム・デ・アルと改名）。

ず、誰のためでもないパブリシティであり、もはや文字通りの意味でのショッピングセンターの位置づけ（スティタス）を持たない。ボーブール（ポンピドー・センター）[*2]が実は文化センターではないのと同じことで、これらの不可思議なモノ、これらの超ガジェットは、ただ単に、現代社会のモニュメント的性格をパブリシティ的に演出したにすぎない。フォーラムのような存在は、パブリシティとパブリック・ドメイン（公共的領域）の到達点を巧みに絵解きしてくれる。」[4]

こうして、パブリシティは社会性の宣伝としての全方位的モデルを生みだしたが、その実体は無重力状態のうちに消え失せてしまった。

モデルと現実の混同を活性化しようとするボードリヤールの著作は、モデルによる現実の吸収にたどり着くあのアマルガム状態の絵解き的解説に満ちている。パブリシティによる宣伝広告のイメージがモノと記号、現実と（社会性をそれ自体のシミュレーションに組み込む）モデルの普遍化された交換の場面で展開されるとすれば、映画のイメージは、ズームやトラベリング（移動撮影）や特殊効果などのあらゆる武器を利用して、現実とヴァーチャルが区別できないことを強調する。コッポラの映

*2　一九七七年に前大統領の名を冠して開設された総合芸術文化センター（ボードリヤールも一時運営に協力、ボーブールは地名）。

（4）Ibid., p. 140.

画『地獄の黙示録（Apocalypse Now）』[5]がそうだが、ボードリヤールのコメントによれば、アメリカ人がヴェトナムで実際に行った戦闘の場合と同じくらい狂暴な手段を過剰に用いて「戦争を実行した」映画である。アメリカが出口のないこの戦争に、彼らの兵器や技術や戦力をテストする大掛かりな実験の機会を見出したとすれば――「コッポラが試みたのは、映画による現実への介入のパワーをテストし、特殊効果の並外れた仕掛けとなった映画のインパクトをテストすることだった。この意味で、彼の映画はたしかに未完の戦争の延長と、その頂点に位置している。戦争が映画になり、映画が戦争になった。戦争と映画が先端技術の突出を通じて合流している。」

実際、制作に三千万ドルも使ったこの映画は、（麻薬の）トリップ状態的な極限状態で撮影されている。フィリピンの「ナパーム弾で焼き尽くされた」ジャングルにできた台地はまず台風に襲われ、その後地元の軍隊から借りたヘリコプターの基地になったが、ヘリコプターは毎朝米軍用に塗装され、ヴァーグナーの『ワルキューレの騎行』の調べで荘厳化された爆撃の神話的シーンに備えてから、夕方にはもと通りに塗り直された。その武功で喝采を浴びたこの超大作映画は「ヴェトナム戦争とこの映画は同じ素材から切り出されたのであり、〔…〕実戦では負けたは

（5）フランシス・フォード・コッポラのアメリカ映画（一九七九）。原作はジョセフ・コンラッド『闇の奥』、カンヌ映画祭パルム・ドール受賞。

ずのアメリカが、映画では間違いなく勝利を収めたと世界中に思わせることができたのだった。[6]」

ヴァルター・ベンヤミン*1は、第二次大戦の前から映画の社会的意味作用をすでに予感していた。現実とのあらゆるオリジナルな関係を破壊する、カタルシス的な映画の役割である。偉大な歴史映画に関してアベル・ガンス*2の情熱的な言葉を援用して、ベンヤミンはそこに（過去の）「全面的清算」の予兆を見ていた。ガンスはこう述べていた――「シェークスピアもレンブラントもベートーヴェンも映画になるだろう。〔…〕あらゆる伝説、あらゆる神話、あらゆる方法論、あらゆる宗教の教祖や宗教自体が〔…〕輝かしい復活の出番を待っている。ヒーローたちが（映画の）入口に押しかけている。[7]」清算と消滅の概念は、ボードリヤールの先ぶれとも言えるこのフランクフルト学派の哲学者〔ベンヤミン〕の全著作を通じて表明されているが、ベンヤミンが、ボードリヤールとともに、メタファーと省略表現（エリプティック）、魅惑と幻想への同じ親近感を抱いていたとすれば、二人ともイメージの背後に隠されたモノ、イメージを制作するモノ（その後のボードリヤールの場合にはカメラ、マクルーハンに倣えばTV化されるメディア）への関心と強迫観念を共有している。ベンヤミンは複製化の全過程で稼働する技術的モノ〔カメ

（6）Cf. Wikipedia. *Apocalypse now*, mars 2003.

*1 Walter Benjamin, 1892-1940：ドイツの思想家、三〇年代にフランスへ亡命。「複製技術時代の芸術作品」、『パサージュ論』等。

*2 Abel gance, 1889-1981：フランスの無声映画の巨匠、『ナポレオン』一九二七等。

（7）A. Gance, "Le temps de l'image est venu", *L'Art cinématogoraphique*, in W. Benjamin, *L'Œuvre d'art à l'ère de sa reproductivité technique, l'Homme, le langage et la culture*, Denoël-Gonthier, Paris, 1971.

ラや録音機など〕にあらゆる権限を認めていた。レジス・ドブレのメディア論が出現するずっと前に、彼は俳優の演技と舞台上のリアリズム（あるいはハイパーリアリズム！）を、カメラ（撮影機）、スタジオ、特殊効果、ショット、フレーム、とりわけモンタージュ（断片化された現実の切り取りと再編）といった仕掛け全体の重要さと同一視していた。

　イメージに感じる魅惑、その代償と誘惑、その魔力と呪いを、ボードリヤールは人生の最後まで体験し続けたが、この魅惑はモノへの彼の情熱を決して汲み尽くすことはなかった。そのことはテレビという先端的なモノ《トップ・オブジェ》（世界化された西洋文化の先端モデル）に関する発言で、とくに目立っている。テレビは、それが媒介するイメージや言語活動以上に、まず技術的装置（媒体＝メディウム）であり、それが流通させるメッセージの上にＴＶという形の消印を押すことになる。ボードリヤールは、マクルーハンの予言的な言葉――「メディアはメッセージである」――を引用して、テレビ画面が映し出すエレクトロニクスの文化についての考察を何度も繰り返している。マクルーハンによるメディアとメッセージの混同は、必然的に、発信者と受信者の混同に帰着するが、それ以上に、ＴＶの寄せ集め的画面の透明性に含まれる対象（モノ）と視聴者の関係の逆転について語る必要があるだろう。「ＴＶの発する光線は、中世の教会のステンドグラスの場合のように、視聴者に向けられているのであり、モノの上で反射するわけではなく、モノからやって来る」のだ。(8)したがって、テレビ画面は光線をその光源であるブラウン管〔旧式ＴＶ〕から視聴者の脳に直接誘導する磁気テープに例えられる。人工的な光線の直射がＴＶ画面に「刺青《タトゥー》を彫った」としても、画面を構成するのは私たち自身、あるいはむしろ私たちの脳のシステムなのである。メディアのこの特殊性のために、ボードリヤールは、ＴＶコマーシャルの残像のように、「テレビがあなたを見ている」(9)というある種の人びとには謎めいた言葉を繰り返すことができるというわけだ。

長い間、コミュニケーションとインフォメーションは――発信者から受信者への――単線的な軌道として考察されてきたが、ボードリヤールは、パロ・アルト学派*1に倣って、テレビ化されたメディアが軌道を複数化して、どの程度混乱させられるのかを確かめてきた。ＴＶが私たちを見ているばかりではなくて、「ＴＶが私たちのことを考えている」のであり、その場合には彼の思想の根拠となる主体／客体〔モノ〕の逆転という賭けを再発見することができる。だが、それと同時に、私たちは「モデルと、大衆の内部での社会性の爆発の全面的な循環過程」(10)での、メディアの企てのあらゆる効果の円環性も確認することが可能だ。テレ

（8）D. de Kerckhove, "Sources et prolongements de la pensée mcluhanienne", *Communication et langages*, no. 57, 1983.

（9）J. Baudrillard, *De la seduction*, Galilée, Paris, 1979, p. 220. ボードリヤール『誘惑の戦略』（宇波彰訳、法政大学出版局）

*1 一九七〇年にカリフォルニアのパロ・アルト市に設置された研究所を中心に先端的研究開発を進めるグループ。

（10）J. Baudrillard, *Simulacres et simulation*. Paris, Galilée, 1981.『シミュラークルとシミュレーション』

ビ化されたイメージは〔といっても、そこでは想像力の世界〔イマジネール〕が少しも伝わらないから「イメージ」とは言えないが〕、ルネッサンスによって強いられた「透視遠近法的（パースペクティヴ）で、一望監視的（パノプティック）な空間の終わり」[11]を急がせることになった。クアトロ・チェント（一五世紀イタリア・ルネッサンス）とともに、表象芸術という概念自体が構築され、造形芸術や図像芸術とともに、これまで達成できなかった位置づけの正統化を実現した。空間の新たな支配者となった人間が世界を客観的に見つめる新たな精神的秩序の表現として、透視遠近法の出現が告げられたのである。その結果、視線は真の意味で「遠ざかる眼差し」になり、分析的で批判的な距離を取って、観察者と目に見えるものを切り離すことが可能になった。主体と客体（モノ）との間のこの距離を、デカルトは科学の認識論的基礎として確立するだろう*1[12]。

ところが、テレビによる情報やイメージのフローはこのような距離化を解消する。もはや人間の視線がイメージを取り込むのではなく――それに、視線は現実と同じ資格で消滅を定められているから、ボードリヤールの著作にはほとんど現れない――、イメージのほうが人間の眼を取り込み、集合的な知覚の飽きることを知らない状態を想像するのだ。テレビが送信するイメージ（画像・映像）は、外部世界に開かれた「窓」

（11）*Ibid.*, p. 51.

*1　『方法叙説』は一六三七年。

（12）Cf. A. Sauvageot, *Voirs et savoirs. Esquisse d'une sociologie du regard*, PUF, 1994.

——世界を透視遠近法で映し出す「窓」——どころか、演出たっぷりの表層だけのイメージ、世界の破裂した断片のイメージ、〔世界が〕消え去る瞬間に固有なパルス（拍動）的イメージである。(13)

社会性としてのコミュニケーションは、こうして閉じられたサーキット（回路）となるが、それこそはシミュレーションの巨大な過程の特性である。

(13) Cf. J.-M. Vermier, "Trois orders de l'image télévisuelle", Quaderni, no. 4, 1988.

「インタビュアーが指示を出さないインタビュー、多くの人に聴かれる電話、全方位型の参加、語ることの強制。《皆さんに関係があります。皆さん自身が出来事なのです。多数派なのです。》こうして、世論や内心の告白や無意識が調査され、「リビドー」がどの程度語られているかが明らかになる。あらゆる情報は、類似療法（ホメオパシー）的に移植される、この種の正体不明な相手との会話の内容やコミュニケーションの形を取った覚醒夢に侵入される。あなたをたえず勧誘する集積回路である「観衆の欲望」の循環的連鎖だ。このシミュラークルをあなたが全身で受け取るために、膨大なエネルギーが費やされるが、それは意味の根源的な喪失という明らかな事実と我々を対決させるかもしれない、暴力的な隠蔽工作を避ける

ためなのだ。」(14)

したがって、テレビ化されたメディアが私たちに押しつけるのは、現実のパロディ、社会性のパロディである。そこで問題になるのは、パブリシティが、あれほど効果的に実践できたモデルを生み出すばかりではなくて、リアリティ・ショー（ロフト・ストーリー[*1]はその代表的企画だった）のような多くのTV番組が示唆するような現実とモデルの混同をもたらすことである。この種の人気番組の特徴は、「合成された親しみやすさと、テレビ映りを狙って整形された社会性」(15)だが、それはまた、親密であろうとなかろうと、あらゆる社会的関係のパロディでもある。シミュレーションとは、私たちのプライベートな生活にいたるまで普遍化された、現実とその分身の混同のことであり、この状況はポール・ヴィリリオ[*2]によって提案された次の例で力強く示されている。馬鹿げているように思えるほど深刻な意味があり、社会性のシミュレーションがその背後に残す空白を要約しているので、いっそう批判性が強烈であるような実例だ。

「数年前、アメリカのあるテレビ局はクリスマスの夜の番組の代わ

(14) J. Baudrillard, *De la seduction*, Gallée, Paris, 1979.『誘惑について』

*1 二〇〇一年から放映されたフランス初のリアリティ番組。

(15) Cf. "Chroniques" de *Libération*, 2001.（『リベラシオン』紙時評「クロニック」）

*2 Paul Virilio, 1932-2018 : フランスの思想家・都市計画家。速度学を提唱、『速度と政治』一九七七等。

りに、暖炉で薪が燃えているシーンを大写しで放映し続けることを思いついた。こうして何百万台ものＴＶ受像機を「擬似的な暖炉」に変身させることで、番組制作者たちは視聴者に、ありきたりのバラエティ番組に負けない幸福感を実感させられると主張したのである。[16]」

燃える火と暖炉、そして社会関係と人生そのもののシミュレーションである。

シミュレーションの段階に到達することは、純粋なシミュラークルの開始を意味する。それはもはや、ブルデューがテレビのジャーナリズムを批判した冊子で明らかにした「現実的なものの効果[17]」の段階にとどまらず、メディア（とくにデジタル・メディア）に特徴的な、現実ではなくて（現実はすでに清算されてしまった）出来事を先取りする傾向である。銀行や役所の銃撃、旅客機のハイジャック、スクール・シューティング、テロなどは、実行犯またはその同類が事件の前からメディアによる演出に乗せられていたという意味で、シミュラークル[*3]なのだ。この種の演出は、ハイパーリアリズム的な参照項しかもたないシナリオの世界化された網の目をはりめぐらせるという点で、出来事を先取りしている。

（16）P. Virillio, Esthétique de la disparition, Paris, Galilée, 1989, p. 62.

（17）P. Bourdieu, *Sur la télévision*, suivi de *L'Emprise du journalisme*, Paris, LiberÉditions, 1996.

＊3　実物の模倣ではなくて、オリジナル不在のコピー。

スクール・シューティング（学校で銃を乱射する大量殺戮）のファンたちは、犯行を反復するか、あるいはその後の出来事の序曲にするために参加型のメディアに肩入れする。彼らはYouTubeに提供されたサブカルチャーのデジタル場面で、出来事を日常生活に再生するが、そこではとくにヒーローたちの肖像が映し出される。この種のファンたちは、今度は自分が未来の殺人者たちの予備軍になるのである。[18] 互換性のある多くの同じようなビデオが、サイバネティクス的韻律分析に似た操作を通じて「恍惚状態」の幻覚を創造する。メディアは、あらかじめ存在しているコピーでみずから肥え太らせた出来事を引き起こす以上のことを想い描けるのだろうか？　ある出来事を高揚感とともに伝えることは、次の出来事の序曲となる。メディアは、未来の出来事の予告と現在の出来事（TVの実況中継やデジタルネットワークのリアルタイム）の度を越した報道を区別せずに、今後の事態のために出来事のコピーを増殖させる。現実の出来事とそのフィクションでは、どちらが高速度で伝わるだろうか？

実は、両者は同時に起こっている。あるいはむしろ、現実とフィクションの関係は「解きほぐせない」[19] から、そのような設問自体がありえないのである。

ここでもまた、技術的な仕掛けが非常に重要であり、コンピューター

(18) N. Platon の博士論文。トゥールーズⅡ＝ミライユ大学で A. Peralva の指導の下に二〇一二年一二月七日審査。"Vers une individuation médiatisée par la participation à une scène subculturelle numérique: les auteurs de *school shootings* et leurs publics".

(19) J. Baudrillard, *L'Esprit du terrorisme*, Paris, Galilée, 2002. ボードリヤール「テロリズムの精神」『パワーインフェルノ』（塚原史訳、NTT出版）

は、現実をそのハイパーリアルな（つまり、〔目の前の〕現実より現実的で、完璧で、リアルな）分身で置き換える操作の中心に位置している。シミュラークルがデジタル計算の産物となる時、それは後戻りできないラディカルな臨界点に到達する。アルゴリズムの抽象作用以外の起源を持たないデジタル言語はモデルに先行するが、完璧なモデルをそのあらゆる部品から創り出すので、デジタル言語は現実自体ではなくて、あらかじめ存在したはずのあらゆる現実の不在を隠すようになる。その完成度は、擬態（模倣）や拡大適用などのアプリオリ（先験的）な限度がなく、コンピューターが私たちの代わりに思考する。「我々は消滅しつつある準拠枠としての現実に魅了される」[20]のだから、擬態的ハイパーリアリズムと言ってもよいだろう。現実や、私たちが現実について知っていることと同じくらい巧みな擬態、現実の喪失を封じ込めるための現実以上に現実的な擬態が至上命令であり、そのために特殊効果——私たちは知らないうちにそれを信じてしまう——が動員されるが、そのエスカレーションは、ボードリヤールが指摘したような疑惑を広めることになる。

「シミュラークルの三次元性——三次元のシミュラークルはなぜ二次元より現実に近いのだろうか？　三次元のシミュラークルはそう

（20）J. Baudrillard, *Simulacres et simulation*, Paris, Galilée, 1981, p. 75.『シミュラークルとシミュレーション』

思われているが、その逆説的効果は、むしろ隠された真実としての四次元を我々に予感させる。〔三次元のシミュラークルによって〕この万物の隠された次元が、突然事実としての力を帯びるのだ。シミュラークルが完成に近づくほど（モノでも、芸術作品でも、あるいは社会的心理学的関係のモデルの場合でも言えることだが）、あらゆるものごとが表象作用から逃れる現象が明らかになる（というよりむしろ、シミュレーションの悪霊より邪悪な、疑い深さという我々につきまとう悪霊に引き渡される）。要するに、そこに現実は存在せず、三次元は二次元世界の想像界（イマジネール）にすぎないし、四次元も三次元宇宙の想像界でしかない……。現実の生産のエスカレーションだ。〔…〕いずれにしても、現実と現実的な幻覚のこの種の追求に出口がないのは、あるモノが別のモノにぴったり重なるほどよく似ている場合、正確に言えば、モノは現実そのものではなくて、もう一つの余分な現実だからである。[21]」

(21) *Ibid.*, p. 160, 161.

映画とともに（少なくともデジタル時代以前には）、まだ想像界が存在していた。映画はまだ一つのイメージであり、別の言い方をすれば、幻覚や夢に呼びかける象徴界の一部だった。テレビとともに、もはや一つの画面と「直送される」情報のフローしか存在しなくなり、互換性のあるイメージの絶え間ない流れが視線を飽和状態に陥らせている。この種のイメージは、現実とフィクションの境界を混乱させ、情報の〔閉じられた〕循環性を優先して、視聴者からあらゆる冷静な判断を奪ってしまう。コンピューターとともに、デジタル技術に含まれるヴァーチャル性が勝利を収める。デジタル的計算（1／0）――第三項を排除する絶対的原則――が指向対象の持つ現実性をえぐり出し、クローンが浸透する完全犯罪の時代を予告する。マクルーハンとジャック・グッディ*[1][22]も、そのことを理解していた。コミュニケーション様式の変容は、しばしば生産様式の変容と同じくらい重要だが、それはこの変容が、諸個人間の関係や主体と客体（モノ）の関係においても、現実への接近の様式においても、重大な激変を意味しているからである。古代の寺院からガリレオの望遠鏡まで、ルネッサンスの透視遠近法からリュミエール兄弟の映画の発明まで、電子的（エレクトロニック）イメージから画像情報処理的（ヴィジオニック）イメージまで、数千年にわたって、現実は形象（フィギュール）やイメージから独立していたのだ[23]。

〔現実の〕メディア（媒体）的形態には、私たちの社会、都市、経済、政治の環境の形態が鏡像のように対応しているが、媒体的形態と物質的

*1 Jack Goody, 1919-2015：英国の社会人類学者、『食物と愛―日常生活の文化誌』一九九八等。

(22) J. Goody, *La Raison graphique. La Domestication de la pensée sauvage*, Minuit, Paris, 1979.

(23) Cf. A. Sauvageot, *Voirs et saviors. Esquisse d'une sociologie du regard*, PUF, 1994.

形態は、世界と人間の関係の脱現実化の共通化を含めて、同形化する傾向がある。映画とテレビは、イメージを固定状態から引き離して、流動性を創造した。コンピューターは「非物質性」の合成を特権化し、不透明性から透明性と可変性と一時性への移行を進めた。私たちの誰かがある種の知的禁欲主義か極度の貧困のために、マスメディアへの接続を失ったとしても、そのせいで、その人が、このシミュレーションの時代に生きていけないわけではないだろうが、シミュレーション自体は社会性のあらゆるすき間に浸透し、現代社会の物質的土台の上で形成されてきたのである。TVやコンピューター画面のハイパーリアリズムには、私たちの日常的消費や文化のハイパーマーケット（大都市郊外の超巨大スーパーのイメージ）が鏡像のように反射している――ボードリヤールがその効果を論じたボーブール（ポンピドー）センターがそうだ。[*1]「ハイパーマーケットが、星のように放射状に光って消費者を送り込む高速道路や車の列で飾られたパーキングと不可分であり、コンピューターの端末や人間活動全体を映す機能的な画面のような都市全体と切り離せない」[(24)]のと同様に、ボーブールは商品レベルのハイパーマーケットの文化レベルでの実践、「それ自体の加速された流通を通じたあらゆるもの（商品でも文化でも群集でも圧縮空気でも）のデモンストレーションの、完璧な

*1 ボーブールはパリ市中心部の地名（前出）。

(24) J. Baudrillard, *Simulacres et simulation*, Paris, Galilée, 1981, p. 115.『シミュラークルとシミュレーション』

循環的操作」(25)なのである。ボーブールというあの情報のフローと記号を満載した骨組み自体が、大量シミュレーションのモニュメントであり、別の言い方をすれば、それもまた一つのメディアであって、その機能は文化のハイパーリアリティを作動させることである。こうして、ボーブールのポンピドー・センターはとりわけシミュラークル的なモノであり、ボードリヤールにとっては、シミュレーションの時代が私たちに強いる社会性の内部破裂の同義語なのだ。

(25) *Ibid.*, p. 104.

3 犯罪の対象としてのモノ

L'OBJET DU CRIME

完全犯罪――現実の殺戮

「それは、あらゆるデータの活性化、我々のあらゆる行為とあらゆる出来事の純粋な情報への返還によって、世界を無条件に現実化するという犯罪だ。つまり、現実をクローン化し、現実的なものをその分身によって根絶することを通じた最終的解決*1であり、世界そのものの解消の先取りのことである。(1)」

したがって、ここで「完全犯罪」とはシミュレーションが普遍化された段階、ヴァーチャルで、デジタル的で、オペレーショナルな現実のさらに進んだ段階であり、コントロール可能で、矛盾や対立がないために現実より完璧な段階となる。

*1 ヒトラーがユダヤ人絶滅政策に用いた語。

(1) J. Baudrillard, *Le Crime parfait*, Paris, 1995, p.45 ボードリヤール『完全犯罪』(塚原史訳、紀伊國屋書店)

だが、実は〔現実の殺戮という〕犯罪が完璧になりすぎると、現実の過剰とその強制によって極刑を宣告された世界の死活に関わる幻想が根絶される。この致命的犯罪のことを、ボードリヤールは批判的《クリティック》というよりは形而上学的《メタフィジック》な表現で思考する。シミュラークルのインフレーション〔過剰な拡張〕に含まれる欺瞞や疎外と闘うことはもはや問題ではなくて、存在論的なあらゆる土台を失った超（ウルトラ）現実に対抗する言葉を立ち上げることが問題なのだ。要するに、逆説的で、極端な状況に直面して、思想は極端な現象を思考する力を持たなくてはならない。それ自体がカタストロフの思想になるのである。

それでは、ラディカルな幻想自体を喪失に向わせる犯罪の対象とは、この幻想が致命的であるだけに、もしそんなことが可能であるとすれば、いったい何なのだろうか？ それはデジタル化によって世界を技術的に変容させる操作である。つまり、時間の概念をリアルタイムの強制で置き換え、人間の諸機能を技術的人工装置《プローテーズ》〔義肢などの人工器官〕で置き換え、身体をその模造品で置き換えるのだ。

テレビの生放送の後から、コンピューターのリアルタイムはテレビの時間意識を追い越して、社会性の全領域にリアルタイムを感染させる。電子的メディアの生放送がイメージと音声を、それらが現場で発せられた時点で受け取ることを可能にする場合でも、発信者と受信者の間に同時進行的な相互作用の可能性が生じるわけではない。リアルタイムのほうは、その反対に、情報データを入力すると結果がほとんど即時的に得られることを可能にするコンピューターの情報処理モードを反映している。計算時間が非常に短いので、両者の遡及的連結に最大限の有効性が得られるからだ。情報は、もはや発信＝送信＝受信の相互作用ではなくて、発信者と受信者の間のハイブリッド化〔異種混合化〕によってもたらされるから、そこには、エレクトロニクスとデジタルのあらゆる差異が存在する——情報伝達が前者の場合は単線的で、後者はインターアクティヴだ。最近までデジタルに押され気味だったテレビが、電話を使った直接反応〔番組に賛同する直接投票など〕を要請してこのハンディキャップを補おうとしたこともあったほどである。この場合でも、メディアは社会性の奥深くまでテクノロジーを押しつけようとするが、それは個人の相互的活動に機械の相互的活動を付け加える必要があるからだ。「待ち時間のない」リアルタイムは、逆に「時間をかける」引き延ばされた時間に打ち勝っているが、後者は緩慢な記憶の時間、不確実な、夢の時間、ページを繰って読み進む書物やイメージが次々と展開する映画の時間である。リアルタイムで失われたもの、それは遅れたり、延びたり、離れたりする時間という、思想や会話の本質的な要素だ。応答〔リプライ〕の自動性によってこの要素に置き換わったもの、それは「交換〔エクスチェンジ〕の時間もリズムも考慮しない」インターアクションの強制にほかならない。完全犯罪の対象とは、それゆえ、交換のリアルタイムが抹殺するこの種の時空の廃絶であり、そこでは象徴界はすでに排除されている。

「あなたの人生をリアルタイムで生きたまえ――〔コンピューターの〕画面上で、生きて苦しむがよい。リアルタイムで思考せよ――あなたの思考はコンピューターによってただちにコード化されてしまう。あなたの革命をリアルタイムで起せ――街頭ではなくて、放送局のスタジオで。あなたの愛の情熱をリアルタイムで生きたまえ――愛の行為のあいだ中、ビデオカメラを回し続けて。あなたの身体にリアルタイムで突入せよ――内視鏡であなた自身の血管と血液を、自分が体内にいるように見つめながら。[2]」

完全犯罪のもう一つの対象は、人工知能〔AI〕に取って代わられた分析的思考であり、人工知能という認知諸科学の進行中の作業〔ワーク・

(2) *Ibid.*, p. 46.

イン・プログレス）が、人間の能力に比べられる知的論理を備えた情報処理言語を伴う手続きを探究している。その目標となるのは、知的ふるまいを生みだすだけでなく、プログラムやデータベースから出発して、さまざまな感情や感動さえも体験できる機械にほかならず、その限界はますます複雑化するプログラムを構想する研究者の能力次第だ。脳による情報処理とコンピューターによる情報処理の等価性をめざす計画はまだ思考実験的なものだとはいえ、人工知能は視覚的形態や音声や諸言語（つまり象徴記号）を認識して再生できる多くのロボットを誕生させてきたから、それが意識を持つことも充分あり得るだろう。この段階に達したとすれば、ボードリヤールが一九九五年に指摘したように「思考の全システムはやがて機械のシステムに同調するようになるだろう」。こうして、私たちの思考は「まさに情報の中の出来事のように、それが形を取る以前に実現されてしまうだろう」(3)。機械が、一連の論理的機能と反射的操作の段階にとどまる場合、少なくとも当分の間は排除するもの、それは夢とメタファーと幻想とアイロニーのあらゆる微妙な戯れである。人間には当たり前になっているファジーな論理のあらゆる不確実性をプログラムに組み込めるようなソフトウエアは、いつ出現するのだろうか？

（3）*Ibid.*, p. 56.

この方面ではまだ初歩的段階にすぎないとしても、人工知能はすでに、ボードリヤールの「極端な」主張を正当化できる「人工生命」の多くの企てを実現している。情報処理科学から生命工学〔バイオ・エンジニアリング〕へと人間の身体に変更を加えることで、さまざまな実験が主体そのものを改造しようとしている。身体はこの試みに巻き込まれ、適用され、動員され、道具化されて、差異化され、複数化された現実のレベルを私たちに越えさせようとしている。「拡張され、ヴァーチャル化されて生成する」この種の現実は、逆説的なアクティング・アウト〔行動化〕（ボードリヤールが予測する不可逆的な消滅の見通し）にいたるまで、存在という概念そのものを侵犯するのである。

「拡張された現実」は、人工物によって導入された現実の存在を私たちに納得させようとしながら、身体の諸機能の拡張の累進的な過程に属することになる。センサー、監視カメラ、ビデオプロジェクター、さらには双方向的に接続された知的機能の代理装置が私たちの任務を補佐し、テクノロジー的環境が個人の活動と協働するが、このことは構成員に分配された活動の概念を社会学者たちが活用する結果をもたらした。「代理装置が作動するために対象にますます依存するほど、認知レベルのタスクの分配がますます進行する。〔…〕代理装置による行動のコントロールが個人から環境のほうに移動するのだ。」(4) 最近のさまざまな技術革新によってコンピューターが超小型化して、デジタル装置付きの衣服の品揃いがますます拡大するという事態は、コンピューターが第二の皮膚化する時代を予告している。衣服の繊維や布や糸さえもが、もはや〔ブランドの〕差異表示記号ではなくて、他者との関係に介入する情報端末化されたインターフェイスを通じて、メディアになれるのだ。眼鏡や腕時計に付けられたスマートフォンとパソコンの複合体は、耳や目や口などの身体センサー直近の位置で、衣服〔フード付きジャケットやコートの襟など〕に組み込まれる。

アーティストたち自身も、彼らの身体に人工装具を付けて肉体《ボディ》を拡張《・エクステンション》する可能性を探る誘惑に抵抗できなかったが、それらの装具のうちには、ボードリヤールの用いた語意で「極端〔極限的〕」だと思えるようなものもある。オーストラリアのアーティスト、ステラーク*1は数多くのインスタレーションやパフォーマンスの一つで、自分の身体に第三の手を(5)接続し*2、その後も改良を怠らなかった。腹部と両脚の筋肉の指令で、この第三の金属製の手は、電極のシステムを通じて、裏返したり、つねったり、何かをつかんだり、「感じたり」することができる。もっと見事なのはステンレスとアルミニウムとアクリル樹脂で作られた別の義手

(4) B. Conein, "L'action avec les objets" in B. Conei, L. Thévenot (dir.), "Cognition et information en société", *Raisons pratiques*, EHESS, Paris, 1997, p. 43.

*1 Stelarc, 1946-: キプロス出身、身体を技術によって拡張しメディア化するアーティスト。一九七〇〜八〇年代日本在住。

*2 *The Third Hand*: 透明なプラスチック製アームを腕に被せ双方の電極をつなげて操作する作品。

(5) *The Third hand*, Tokyo, Yokohama and Nagoya, 1980.

（Extended Arm）で、アーティストの右腕に接合された。指をスイッチボックスに置くと、義手が（プログラミングされた）一連の運動を始めるのだ。その間、左腕は刺激を受けると、両肩や肘や拳や指を曲げたり伸ばしたり、不随意的に動き出す。ヴィリリオが強調するように、このような「体内コロニー化」計画は「身体をポスト科学時代の反啓蒙主義（オプスキュランティスム）の原材料に変形する」ことになる。

「拡張された現実」が、こうして現実に重ね合わされた人工的現実となり、この種の現実に依存することがわかるが、「ヴァーチャル・リアリティ」のほうは、現実のさまざまな属性を獲得しようとして、全面的にコンピューターによって生成されている。ヴァーチャル・リアリティは現実を参照項にする必要がなく、現実から切り離されて現実を模倣し、場合によっては現実を覆い隠して、目につくやり方で現実に取って代わろうとする。

「鏡からヴァーチャル・リアリティの全面的な画面へと移行すると、もはや自然が我々に客観的現実という罠を掛けるのではなく、デジタルの世界がハイパー客観性とインテグラルな（全面的）計算という罠を仕掛けることになり、哲学的観念論の最後の化身（アバター）

である鏡とその対象との戯れ自体が廃絶されてしまう。」(6)

合成されたイメージとは、何よりもまずマトリックス（母型）としてのイメージであり、現実に対するその自立性は私たちの知覚や心理の習慣以外のハンディキャップを持たないが、この種のイメージは、そうした習慣をヴァーチャル性に投影して侵犯することをひたすら要求する。ディスプレイ画面（スクリーン）がもはや現実を隠す遮蔽幕にならないように、合成されたイメージは画面の奥に浸透する。頭部装着ディスプレイ、オーディオヴィジュアル複合装置、手の動きに反応するデータ・グローヴ[*1]などはそれらの利用者の感覚野の全体性を開発しようとする試みである。これらのセンサー的装置の一揃いを装着した人間が、潜在的な重さを実感しながら非物質的な対象物を操作し、それらの対象と身体的に関連し合って行動する。ノブを回すとドアが開き、前腕はハンマーの重さを感じ、不器用な動作をすると花瓶が落ちて割れるのだ……。ヴァーチャル性の習得にはいくらかの熟練が必要であり、最初の内はある程度の試練が待っている。

「ヴァーチャル・リアリティのシステムから出てきた人を観察しな

（6）J. Baudrillard, *Le Pacte de lucidité ou l'intelligence du Mal*, Galilée, Paris, 2004, p.34. ボードリヤール『悪の知性』（塚原史・久保昭博訳、NTT出版）

*1 コンピューターと人間の手のインターフェイス装置。

さい。その最初の動作に注目しなさい。システム利用者は必ずしばらくその場にとどまり、〔…〕周囲の様子を確認して、胴体を叩き腰にさわり、最初からの世界に帰還して地上の自分の身体に着実に戻ったことを確かめるのです。」(7)

「拡張された」・「ヴァーチャルな」現実は、こうしてポスト生物学的、ポスト器官的《オーガニック》な時代を「創生」する。最先端の科学技術、神経科学とバイオテクノロジーの発展、人工知能の発達は、すべての生命体をデジタル化された情報の組織的総合とみなして、生き物の新たな混合概念(シンクレティズム)を確立するために、ごく小さな共通項である「数字」(シッフル・ナンバー)へと収斂する。(8)

現実はもはや単にヴァーチャルなだけでなく、ジェンダーや種の変異を含むことで生成的になる。人間と機械の変換可能性、人工的生命、遺伝子導入プログラム、「メタデルミック(超皮膚的)」建築などだ。地上の生命体の生物学的《バイオロジック》現象を透写して模倣した人工生命(life-as-we-know-it)は、宇宙でも生存できるような生命体(life-as-it-could-be)の生命=論理《バイオ=ロジック》に組み込まれる。*2(9) たとえば、動物や植物のモデル構築は、遺伝情報のアルゴリズムを土台として人工的繁殖のメカニズムの管理を企てている。

(7) M. Heim, "The Design of Virtual Reality", *Body and Society*, no.3-4, 1995, p. 68.

(8) Cf. A. Sauvageot, *L'Epreuve des sens, De l'action à la réalité virtuelle*, PUF, Paris, 2003.

*2 英語表記はアメリカの人工生命学者クリストファー・ラングトンの表現。

(9) Artificial Life Workshop (Los Alamos National Library).

人工的な動物が、シミュレートされた自然界で生存できる自給可能なヴァーチャルな生き物となり、器官的で知性的な機能を付与されるのだ。魚は別の魚と交尾することも、相手を攻撃することもできるし、場合によっては死ぬことも、生き残って子孫を残すこともできるが、その遺伝的性格は親の遺伝情報の組み合わせにもとづくだろう。

生命体のモデル構築を越えて、生殖に関する人工的な現実が、遺伝生物学の探究に倣って、生物（人間ではないとしても今後は植物や動物）の遺伝情報コードに介入する意図に組み込まれる。その場合、ヴァーチャルな生命を創造することではなくて、特殊なコード（遺伝子のプログラム）を通じて生命そのものを創造することが目的となる。「人間の無制限の挿し木による増殖」であるクローン製造はその代表的な例で、「個別化された生命体の個々の細胞が全く同一の個人を産み出す母型（マトリックス）になれるのだ」[10]。

犯罪レベルに達する対象＝モノとは、したがって、人間自身による人間の追放というアクティング・アウト〔行動化〕である。人間の諸器官を模倣し、延長し、さらには人工物で置き換えようとする試み――メカニックな発明品による四肢の置き換え、マルチメディアによる感覚諸器官の置き換え、サイバネティックスによる知性の置き換え――が繰り

（10）J. Baudrillard, *Simulacres et simulation*, Paris, Galilée, 1981, p. 146.『シミュラークルとシミュレーション』

返されているが、こうした試みは運動能力や感覚や神経回路を持つ人工装具の累積を急がせ、人類学者、社会学者、哲学者、認知科学者たちは、技術的なモノが身体と知性にもたらす「拡張」を推し進める。とりわけルロワ＝グーラン[*1]は、身ぶりと言葉の解放について述べた際に[(11)]、この解放をコンピューターが実現する記憶の拡張としてではなくて、記憶の外在化として語っていた。ボードリヤール自身は、もっと極端なやり方で、あの消滅の地平線との関連で、記憶の追放について語ることを選び、その意味を問い直そうとしている。

「不死の存在になろうとして、自分たちを途方もないクローンにしようとする人類の企て、つまり、同一者から同一者を再生産して、死すべき有性の存在としての不安から最終的に逃れるための企ては、死すべき期限付きの存在としての人類を消滅させてしまう。今や生き残りへのこの種の狂った願望がたしかに存在している。こうした不死性の幻覚は、今後は生物学的遺伝コードの側に移行し、人類を砂漠へと追いやるだろう。その背後には、文化の象徴的空間の破壊しか残らない砂漠だ。[(12)]」

「この犠牲が進歩と技術の高度化の要請によって、完璧を求める幻

*1 André Leroi-Gourhan. 1911-1986: フランスの先史学者・人類学者、『身ぶりと言葉』一九七三等。

(11) A. Leroi-Gourhan. *Le Geste et la parole. Technique et langage*, Albin Michel, Paris,1964.

(12) J. Bindé, "Tout doit disparaître", *Cahier Baudrillard*, L'Herne, Paris,2004, p.37.

覚によって引き起こされたのかどうか、我々にはまだ分らないが、完璧の探究自体は犯罪的ではないとしても、どんな場合でも極端に危険な選択である。」[13]

（13）*Ibid.*

この現実の過剰が私たちに内在する幻想の根絶を伴わないとしたら、現実の殺戮という犯罪は中途半端なものでしかないだろう。ボードリヤールは、一つの仮説として、世界の致命的な幻想に関する賭けを提案したが、それは世界が現実なのか、それとも、世界は（物理的、心理的、政治的、社会的等々の法則が適用される）一定の範囲内でそのように定義される場合にしか現実ではないのかをめぐる賭けだ。重要なのは、実は世界は世界という場所に存在するわけではなくて、未決定で不確実な状態にあるのだということである。ニーチェ的思想に倣えば、現実世界はどんな表象や因果論的説明にもその姿を見破られはしないだろう。世界は想像不可能なのだ。

だが、こうしたラディカルな幻想は、詩的で形而上学的にはどれほど美的であっても、耐えがたいものである。

「それ〔ラディカルな幻想〕を封じこめるためには、世界を現実化しなければならない。世界に現実としての力をあたえて存在させ、何とかして意味作用を付与してやり、一切の偶然的で恣意的で秘密めいた性格を取り除く必要がある。世界から外観を追放してその意味を引き出し、世界をその目的と最大限の有効性のほうに向わせるために、あらゆる予定された行き先を取り消してその形態（フォルム）から引き剥がし、世界に方法（フォルミュル）を取り戻させる必要がある。(14)」

（14）J. Baudrillard, *Le Crime parfait*, Paris, 1995, p. 33.『完全犯罪』

この必要性、この現実回復の要求は、つねに存在していたわけではなさそうだ。過去の「もっと緩慢《スロー》な」、あるいは西洋文明化の動きと無縁な社会では、因果関係への関心や客観性を求める強迫観念が持続的に組み込まれるような時系列を持つ直線的な思想が存在しないので、現実性は「明確化(15)」されなかった。数千年の間、人類は利用可能な資源と象徴的限界のリズムに合わせて発展してきたから、多くの文化が幻想の潜在力に賭けて、幻想の場面を演じたとしても、幻想自体は、現実そのものという概念が不在なので、象徴的な規則によってその範囲を規定され、この規則に従ってきた。おそらく、多くの疑わしいエピソード――プラトンの洞窟*1から実在論者と唯名論者の論争まで――の後で、近代性《モデルニテ》が文

（15）*Ibid.*, p. 73.

*1『国家』第七章。

配的価値観としての現実原則を、その否定が社会規範の侵犯として体験されるほど強硬に、世界に押しつけたのである。現代の文化は、現実と真実（真と偽の峻別）のために幻想の秩序を誹謗中傷する最初の文化とさえ言えるだろう。近代性は「我々の科学と認識に対して透けて見えるように現実世界を作り変える」[16]意図を抱いて出発した。空虚と虚無と死すべき運命という不安を祓いのけるために、こうして事物の存在の客観的証明（それが現代科学の宿命だ）によって幻想を悪魔祓いして、あるいは速度によって追い越す必要があったのである――それが、ヴァーチャルなハイパーリアリズムの不安定性に陥ったシミュレーションの運命なのだ。

科学（物理学から神経科学まで）は、世界と現実の客観的認識という賭けを実行したが、それはおそらく疑似餌的な罠にすぎず、ボードリヤールの指摘する「客観的幻想」にほかならない。客観的現実への信仰は、やはり客観的な幻想の中で解体される。客観性について語る場合、ボードリヤールを魅了するのは、またしても、科学をあざ笑い、主体と客体（モノ）との――科学的であると同時に形而上学的な――関係を挫折させることができるモノとその物質性なのである。量子物理学とナノ科学とともに、主体と客体（モノ）がそれぞれの自立性を失うので、科学的

（16）*Ibid.*, p. 70.

客観性はいくらか幻想的な、あるいは少なくとも疑わしい性格を帯びる。実際、物質はもはや実証主義的な意味での物質ではないが、それは一定の場所に確実に存在しているのではなくて、粒子と波動の親近性のせいで、むしろ「存在する傾向」としてそこにあると考えられるからである。物質はもはや客観的現実ではなくて、存在する傾向を持つものであり、その傾向は確率（蓋然性）の膨大な体系によってしか特定できないだろう。量子物理学は、素粒子が同時に波動であり物質であるとする不確定性原理を導入することで、重要な認識論的断絶を導入した。「モノは姿を消し、捕捉できず、逆説的で、両義的になり、この両義性を主体自体とその分析手続きに感染させる。[17]」粒子はもはや位置を特定できる物質の古典的な一点ではなく、その存在は確率的な波動の塊のようなものであり、確定的な位置を割り当てられないほど偶然的である。この波動は、客観化の特性に関する厳密な基準の規則に逆らって動くが、それは、ミクロ物理学のシステムのあらゆる操作がモノの変質を自動的に引き起こすからである。客観化の過程での主体によるモノの変質という現象は、ボードリヤールを少々喜ばせずにはおかない。彼は、主体がモノに押しつけようとする関係や、距離を置いてモノを支配しようとする意思表示をつねに逆転させようと待ち構えている。というのも、いちば

（17）*Ibid.*, p. 86.

ん悪賢いのはモノだということを、主体は忘れているのだ。

「主体が客体（モノ）を見出す条件について、人びとはいつも気にかけてきたが、客体が主体を見出す条件はまったく探求されなかった。我々は客体を発見できると期待し、客体とは発見されるのをおとなしく待っているものだと思いこんでいる。けれども、悪賢いのは意外にも客体のほうで、この種の歴史を通じて我々を発見していたのが客体のほうだとしたらどうなるだろう？[18]」

さらに、ボードリヤールにとって、「主体と客体（モノ）が分離不能だという事態」は物理学の領域だけに限定されるものではなく、「科学のシミュレーションとしての客観性が三世紀前から定着したあらゆる場面に再び姿を現している。[19]」政治、経済など社会科学の諸分野でも同じことだ。

客体（モノ）の謎めいた性質はアイロニーとして現れるが、それはボードリヤールが好んで共有しようとするアイロニーである。「主体の批判的機能を、客体（モノ）のアイロニーの機能が引き継ぐ[20]」のだ。客観化、脱現実化、ハイパー現実化などの言葉を解き放つことで、モノは

(18) *Ibid.*, p. 84.

(19) *Ibid.*, p. 86.

(20) *Ibid.*, p. 109.

モノ自体に復讐している。主体はもはや客体化の支配者でないのと同じように、もはや表象の支配者ではない。「今後は、客体（モノ）が主体を屈折させ、モノの存在を押しつけるだろう。モノの偶然的形態、モノの非連続性、モノの分割、モノの幻想、モノの人工的な即時性を押しつけるだろう。〔…〕それはまるで復讐のようなもので、モノがストレンジ・アトラクター*1となる。」(21)そして、モノが極端な現象になるのだから、思想――ボードリヤールの思想――もまた極端になる他はない。それ自体が逆説的な思想だ。客観的知性が、自分の現実の中では決定状態にあると人びとが思っている世界と完璧に一致するとしても、不確実で偶然的な世界を表現するためには、この種の現実はもう通用しないだろう。ラディカルな思想は、もはや国籍を持たず、知の主題でもなく、逆に謎そのものであり、矛盾と対立を含み、誘惑的で、詩的な思想なのだ。というのも、ラディカルな思想は「現実を罠にかけ、現実と〔…〕その影より高速で先に進む必要がある」からである。(22)

その時、ボードリヤールというパタフィジック(23)*2の思想家は彼独特の悪戯にふけることになる。

「出来事を生み出すために幻想を生み出すこと。明晰なことがらを

*1 量子物理学の用語としてはカオス的領域内で動きを図示できない不可解な集合。

(21) *Ibid.*, p. 108

(22) *Ibid.*, p. 146.

(23) ボードリヤールのよく知られた「パタフィジックの」傾向については次の評論を参照。J. Donzelot, "Patasociologie à L'université de Nanterre", *Cahier Baudrillard*, l'Herne, Paris, 2004.

*2 一九世紀末フランスの詩人・劇作家ジャリの造語で「想像上の解決の学」を意味し、メタフィジック（形而上学）の限界を越えた思想の提案。

謎めいたことがらにして、あまりにも理解しやすいことがらを不可解なことがらにすること、出来事自体を読解不能にすること。世界の偽りの透明さを強調して、そこにテロリスト的な混乱、つまり、ラディカルな幻想（現実の脱幻想化）の芽やウイルスをまき散らすこと。[24]」

ボードリヤールの挑発的な文章は、たしかに歓喜のモードを読者に始動させるほど挑発的だ。現実の殺戮という犯罪は、それほど完全な犯罪なのだろうか。幻想がそれほど致命的で、破滅的な意味を持つボードリヤールというまったく無信仰の哲学者にとっても、彼の内心では、たしかにそうではないだろう。『完全犯罪』の最初のページから、彼はこう告白している。「残念ながら、犯罪はけっして完璧ではありえない。それに、現実の消滅についてのこの犯罪物語においては、動機も犯人もあきらかにされないし、現実の死体さえも、ついに発見されはしない。[25]」だから、読者は安心してよいだろう。「致命的な幻想のモード、世界のものごとが不在であり、非現実的であり、非＝無媒介的〔非直接的〕であるというモードの上で[26]」幸せに生き続けることにしよう。そこにはまだ警句（アフォリズム）のための余白がある――「希望のない知性のた

（24）*Ibid.*, p. 152.

（25）*Ibid.*, p. 13.

（26）*Ibid.*, p. 22.

めの幸福な形態」とは、ボードリヤールのラディカルな思想の定義そのものなのだ。

4 陰謀の対象としてのモノ

L'OBJET DU COMPLOT

モノの体系に倣って、幻滅を誘う美術市場に溶け込んだメディア受けする現代アートに対して、ボードリヤールの寛大さはほとんど期待できない。哲学者ボードリヤールが幻想と秘密と美学とメタファーとユートピアが生き延びることを期待する権利を有するのは、他のあらゆる社会領域以上に芸術（アート）に対してなのであり、金銭の絡む妥協はそれだけ許されないものになる。ところが、芸術はそのもっとも執拗なパロディ——賭け、分身、消滅、出現、不在……つまり現実の化身（アバター）——にいたるまで、メディアの領域に侵されている。二〇世紀初頭以来芸術が没頭してきたのは、「想像力の喪の作業、美的なものの喪の作業」(1)だった。「何でもあり」の現代アートの中で美学は否定され、現代アートは無意味だ、ゴミだ、ご都合主義だ、いんちきだ、金儲け主義だ、補助金目当てだ、などと誹謗中傷されている。まったく逆説的で

（1）J. Baudrillard, "Illusion et disillusion esthétique", *Transeuropeennes*, no. 5, hiver 1994-1995. ボードリヤール『芸術の陰謀』（塚原史訳、NTT出版）

はあるが、美学〔エステティック〕は芸術に関するコミュニケーションの支配を通じてトランス・エステティック〔超美学〕化し、パブリシティの演技指導にあからさまに身を委ねているのだ。

だから、ボードリヤールがユーモアの気分に動かされて、あのかなり辛辣な檄文〔『芸術の陰謀』〕で激烈な思いをぶちまけたのは、少しも驚くようなことではない。この文書は「インサイダー取引」に加担するすべての人びと〔共犯者や信奉者〕に向けられているが、彼らは展覧会の作品展示から開幕前日の特別招待《ヴァルニッサージュ》までの流れをつうじて、現代アートの賛美あるいは批判的評価を装っているとはいえ、賛美が批判に打ち勝つことが多いのは言うまでもない。一九九六年五月二〇日『リベラシオン』紙に掲載されたボードリヤールの論考「芸術の陰謀」は数多くの反応や反撃を引き起こさないわけにはいかなかった。その大半はアーティストや知識人によるもので、彼らはボードリヤールの毒舌のうちに過去の美的価値観へのノスタルジアを見ようとしたのである。こうして、勘違いや誤解が相次いだ。

たしかに、ボードリヤールのやり方は、彼に美的価値に関する判断を求めるすべての人びとにとって、曖昧〔両義的〕なものに見えたかもしれないが、ボードリヤールは美術批評家や美学者の立場から発言したわけではない。彼はそれ以上に、美的価値観がまさに翼が折れて先に進めなくなった時代、美と正義と真理の基準が不明確になり有効性を失った時代に直面したという問題意識から、人間学的視点の重要性を主張したのである。それに、ボードリヤールは現代アートに没頭しているどころではなく、芸術は「私の課題ではない」と、彼は述べている。ボードリヤールが芸術に関心を抱く点はそこに見られる多くの断絶であり、彼は他に例を見ないやり方で、これらの断絶を二〇世紀初頭以降に出現した脱現実化の過程の考察に誘導している。

ボードリヤールによれば、絵画的抽象はすでに時代を画する重要な出来事であり、現実をその単純な諸要素に脱構築した「英雄」時代、モノの構造化とその形態の解体に精密な分析的視線が向けられた時代だった。

「抽象の逆説、それは、オブジェ（モノ）を形象の制約から「解放」して、フォルムの純粋な戯れに還元することで、抽象が、隠された構造という発想、つまり、外観の類似より根源的で厳密な客観性が存在するという発想に、オブジェを縛りつけたことである。抽象は、類似や形象という仮面を遠ざけ、オブジェの分析的真実に接近しようとした。抽象という旗印のもとで、芸術家たちは、逆説的で

（2）J. Baudrillard, *Le Pacte de lucidité ou l'intelligence du Mal*, Galilée, Paris,

はあるが、これまでよりいっそう現実に接近し、オブジェの対象性の「基礎的構造」を暴きだすことになった。つまり、彼らは現実よりリアルなものへの接近を開始したのだった。」(2)（『悪の知性』）

結局、現代アートの展開は、外観で構成される世界の限界を越えようとする理性的意思表示という意味で、現代科学の展開に似ている。モノ（対象）の奥深い認識を求めるこの方向性は、その代償として、モノとの感覚的関係の喪失をもたらすことになる。イヴ・クライン*1の『空虚(le Vide)』（一九五八年）*2を前にして、受容体として働くのは視覚ではなくて、知性なのだ。この作品は可視的なものとその知覚の人工的な再構成のために「感受性を絶滅させる企て」(3)であり、それはまた芸術と現実性の解放でもある。抽象化の最初の試みにも、象徴交換がまだ存在していたとしても、その後の反復の結果、抽象化は、現実の真の脱構築からはほど遠い、現実解体の単純な手法になってしまった。

実際、あの二〇世紀のさまざまな出来事の中で、芸術にショック、つまりトラウマをもたらした最初の行為は、ボードリヤールによれば、マルセル・デュシャン*3によるものであり、レディメイドを軽い気持ちで見せつけることで、彼は芸術を凡庸さの中に落とし込んだ。ボードリヤー

2004, p.90.『悪の知性』

*1 Yves Klein, 1928-1962: フランスのアーティスト、ブルー（クライン・ブルー）を基調とする単色絵画・インスタレーションを探求、講道館で柔道を学んだ。

*2 白壁の室に空のキャビネット以外何も置かない文字通り「空虚な」展覧会。

(3) J. Baudrillard, J. Nouvel, *Les objets singuliers*. Architecture et philosophie, Calmann-Lévy, Paris, 2000, p. 46. ボードリヤール×ヌーヴェル『les objets singuliers ——建築と哲学』（塚原史訳、鹿島出版会）

*3 Marcel Duchamp, 1887-1968: フランスのダダイスト（戦後アメリカに帰化）、彼のレディメイド（既成の日用品の「作品」への転用）は現代アートの起源となった。

ルはモノへの引力をデュシャンと共有していたのである。

元工芸職人（版画やエッチングの技術者）のマルセル・デュシャンが最初のキュビスム的絵画『階段を降りる裸体』を発表したのは一九一二年のことで、この作品はサロン・デ・ザンデパンダン展で拒否されるが、翌年ニューヨークで展示されてスキャンダルを引き起こし、彼はアメリカで超有名人となった。この栄光から、デュシャンはほとんど利益を得ることができず、売れなかった絵は重要なコメントなしに返却され、二五歳の年に彼は絵画と縁を切る決断をする。パリのサント＝ジュヌヴィエーヴ図書館の司書になったデュシャンはニーチェを愛読し、科学技術の通俗書を読みふけった。一九一三年のある日、彼はアトリエでオブジェの細工を試みて、丸椅子に自転車のフォークを固定し、フォークに車輪を取り付けたが、その時点で、彼が芸術の運命を変えようとしていることを想像させるものは、何もなかった。レディメイドがまだ問題になっていない時点で（そのコンセプトは一九一五年[*1]に生まれた）、デュシャンは「芸術にはならないような作品を制作することが可能だろうか？」と自問し、絵画用品店で買った三枚の風景画の複製にサインしてから、このサインが作品のもっとも小さい共通点（最小公分母）ではないかと自分に問いかける。タイトルを付けて、サインして、いちばん取

*1　原文ママ（「自転車の車輪」は上述の通り一九一三年）。

（4）*In Advance of the Broken Arm*, 1915.（「腕が

るに足らない日用品――『折れる腕に備えて』（雪掻きシャベル）[4]、『泉』（小便器）[5]など――を展示することは、そこから「世界のあらゆる凡庸さが美学へと移行し、逆に、あらゆる美学が凡庸なものとなる」[6]*2無限に微小な行為だったのである。

　これらのレディメイドは、パリではアンドレ・ブルトンが企画した一九三六年の展覧会*3でようやく展示されることになるが、デュシャンの最初の行為はモノでも作品になれることを宣言する試みだった。「これは…である、あるいは…ではない」[7]といったタイプの遂行的言表は、あらゆる凡庸なモノが、それまでアカデミックな作品に限定されていた芸術的正当性を獲得することを公認する。こうして、デュシャンはモノを思想にしたのだった。遂行的言表は、多くの中間的媒体――グループや制度や言語運用者――に引き継がれた場合でさえ、「語ることが行うことになる時」[8]のような言説によって、みごとに行為化される。それでは、制度が生産するのは、作品なのだろうか、それともむしろ作品に関する言説なのだろうか？

　「こうしたことのすべてには、もはやオブジェ（モノ）さえ存在しない。レディメイドにあるのは、もはやオブジェではなくてオブ

折れないように」）〔雪掻きシャベル〕

（5）*Fountain*（「泉」）：署名はR. Mutt（フランス語でidiot〔間抜け〕）。デュシャンが一九一七年にニューヨークの独立芸術家協会展に出品〔受理されず〕。

（6）"L'art entre utopie et anticipation", entretien avec R. Scheps, *Les Sciences de la prévision*, Seuil/France-Culture, Paris, octobre 1996.『芸術の陰謀』

*2 ボードリヤール『芸術の陰謀』

*3 シュルレアリスム国際展（シャルル・ラトン画廊）

（7）「これはパイプではない。」（マグリットがパイプの絵に書いた言葉で、事物とその指向対象との断絶を遂行している。）1927.

（8）J. L. Austin, *Quand dire c'est faire*, Seuil, Paris,

ジェの観念であり、我々はレディメイドをもはや芸術としてではなくて、芸術の観念として享受しているのだ。〔…〕レディメイドには、結局、モダンアートと現代アートの二重の不運が要約されている。芸術が現実と凡庸さに浸されてしまうという不運と、芸術の観念がコンセプチュアルなものに吸収されてしまうという不運である。」(9)（『悪の知性』）

それは呪いだろうか、それともアイロニーの啓示だろうか？　アンディ・ウォーホル*1がデュシャンに続いて、創造的行為へのエネルギーの解除に全力を傾けた、あのアイロニーである。ボードリヤールから見れば、デュシャンは人間学的レベルの〔アートの〕出来事の創始者であり、ウォーホルはこの出来事を完全に遂行したので、彼の後には模倣者しか残らなくなってしまった。ウォーホルのうちに、ボードリヤールは悪戯好きな共犯者を見出している。彼に呼びかけ、幸運にも彼を魅了する鏡に映った分身である。モノ、またしてもモノ――コカコーラの瓶やスープの缶詰――、キャンベルスープの缶が物神（フェティッシュ）としてのモノに変容する。(10)

広告制作者としてデビューしたウォーホルは、彼自身が大衆文化の製

1994.

（9）J. Baudrillard, *Le Pacte de lucidité ou l'intelligence du Mal*, Galilée, Paris, 2004, p.92.『悪の知性』

*1 Andy Warhol, 1928-1987: ポップアートを代表するアメリカのアーティスト、消費社会の日常性を作品化した。

（10）一九六二年にウォーホルはキャンベルスープの缶詰を三二個並べた絵画を展示した。

*2 キャンベル・シリーズは一九六〇年代。

（11）一九四九年からすでに、当時 *Glamour*, *Vogue*, *Harper's* などの雑誌のグラフィック・デザイナーだ

品であり、この種の文化を、彼はシミュラークルの容赦ない皮肉と抽象とともに実体化するだろう。ウォーホルの絵画は、一九五〇年代のアメリカ全体がそうだったように、大量生産を通じて産業化されることになる。[*2] 初期のスープ缶は手描きだったが、シルクスクリーン印刷がさらに多くの作品の生産を可能にしたので、彼は自動機械〔オートマット〕のようにまったく無感情で作業ができた。(11) こうして、ドル紙幣やコカコーラの瓶を並べたモジュール型のイメージの反復や、「ディザスター〔災厄〕」シリーズ〔黒、白及び白黒〕が次々と製造され、シルクスクリーン印刷は価値観の秩序を持たない情報を増殖する手段となる。「反復はすべてを平等化する。事故も、マリリンの顔も、〔死刑の〕電気椅子も、キャンベルスープ缶も、すべてが等価であり、どれも重要ではない。(12)」機械による複製手段をますます利用しながら、ウォーホルは作者としての自分の消滅を望んだ。「ウォーホルは機械になる」(13)とは、のちにボードリヤールが、まさに自分のカメラのレンズの背後で唱えることになる祈願の言葉だ。

「ウォーホルは事物のアイロニー的な出現の代理人、技術とイメージをつうじて世界が実行している、あの巨大なパブリシティの媒体にすぎない。世界は私たちの想像力が消滅し、私たちの情熱が外部に拡散す

ったウォーホルは、業務に要求される手仕事の特殊性から最大限に彼を引き出すことになる技術の探究に励んだ。一枚の写真全体か、あるいはその部分を耐水性のある紙に複写してから、彼はもっと吸収力のある紙にそれを貼り付け、輪郭の一部に墨を塗って、じゅうぶんに染み込んでプリントできるまでアイロンを掛けた。そのあとで、すでにコピーの方を残して、オリジナルの図案を放棄したのである。Cf. M. Livingstone, *Le Pop Art*, Hazan, Paris, 1990.

(12) M. Nuridsany, Warhol, Flammarion, Paris, 2001, p. 194.

(13) J. Baudrillard, "Illusion et disillusion esthétique", *Transeuropeennes*, no. 5, hiver 1994-1995.『芸術の陰謀』

ることを強要して」[14]（『芸術の陰謀』）、情熱を表現しようとする主体のあらゆる意図を禁じてしまうのである。ポップ・アーティストのやり方は、幻想を創り出す、独特で、オリジナルな活動としての芸術の退却を意味している。それはまた、アーティスト自身の退却であり、ウォーホルが表面しか持たないアイコンに変装して巧みに演じたことでもある。闘争的で、クールで、くったくがなく、自分の人生を映画かTV番組のようにみなして、覗き見的にしか人生に参加せず、自分の作品に快く他人にサインさせた彼は、まさに「外部」の人だったのである。ウォーホルに誘惑された哲学者ボードリヤールは、精神的集中をあえて解除する彼の挑発的な態度のうちに、「機械を気取るスノビズムの背後に」、美術市場を象徴する価値観のシミュラークルとフェティシズムの出力の上昇を認めていた。

デュシャンとウォーホルは、結局、美学を日常生活の凡庸さの中にラディカルに落とし込み、凡庸さを社会生活のあらゆる場面に向わせて、大衆文化と混同させ、凡庸さを「物の体系」の類似物（アナロゴン）にしてしまったことになる。デュシャンとウォーホル以後、いったい何が残っているだろうか？　二人がタブララサ（現状一掃）を実行したのだから、たいしたものは残っていないと言いたくなるかもしれない。た

（14） *Ibid.*

しかに、ハイパーリアリストやその周辺から、いくつかの名前が浮び上がるだろう。〔フランシス・〕ベーコンや〔エドワード・〕ホッパーがそうであり、ボードリヤールが彼らに執着していたことはよく知られている。だが、例外は稀で、確認は困難だ。すでに、ウォーホルに関しては、ボードリヤールが一九六〇年代のキャンベルスープ缶に天才的なひらめきがあると認めていたとはいえ、ポップアートの創成期に、ウォーホルが商品をフェティッシュ化して、芸術の内部に侵入させる企てを仕組んだとはいえ、彼のスープボックス〔一九八六年〕は、その二十年後には、もはやシミュレーションのステレオタイプにすぎない。ウォーホルが、一九六五年に、独自のやり方でコピーとオリジナルの境界を踏みにじり、一九八〇年代には、アーティストの創造的な行為を複製技術に引き渡したとしても、彼はもはや最初の出来事のリサイクルを繰り返したにすぎなかった。

「一九八六年には、宣伝広告という霊性が商品の新たな段階を彩ることになっただけで、そうした〔シミュレーションという〕悪霊性は少しも残ってはいなかった。その後、コマーシャルアートは、商品を美化する公式芸術となった。〔…〕二十数年後に同じことを繰り返すのは、それでもなお優れたアイロニーだと考える人もいるだろうが、私はそうは思わない。私はシミュレーションの悪霊性を信じてはいるが、その亡霊は信じていないし、その死体は、たとえステレオタイプの複製版でも、なおさらのことだ。[15]」

その後の展開は、アーティスト、広告業界、投資家たち全員の混ざり合いになり、彼らはこぞってシミュレーションの「死体」を分け合わなくてはならない。あの「もはや何もない状態」を管理して、とりわけ選ばれた商品となった廃棄物の芸術に参加するために、オリジナリティを襲撃しなくてはならない――全員がオリジナルを利用し合っているのだから、そんなものは事実上存在しないのだが。もはや誰も幻想など信じてはいない以上、芸術のコメディを演じながら、実は幻滅の過剰を演じる必要があるのだ。イデオロギーと批評とテロリズムのコメディである。いわゆる「現代」アートは、こうして、それ自体を嘲笑しながら芸術の消滅を嘲笑する羽目になる。乗り越えの乗り越え（止揚の止揚）の論理[16]では、乗り越えるべきものはもはや何も見つからない。現代アートの課題はまったく別のものになる。事情を知っている人たちの共犯関係を確保し、知らない人たちの信じやすさにつけこむのだ。ボードリヤー

(15) *Ibid.*

(16) Cf. G. Vattimo, *La Fin de la modernité. Nihilisme et herméneutique dans la culture post-moderne*, Seuil, Paris, 1987.

ルが告発したインサイダー取引とは、まさにそのこと――「取るに足らないアウラを実演するアーティストと呆気にとられた疑い深い大衆との隠微で恥ずべき共犯関係」[17]である。それこそが芸術の陰謀の対象（モノ）であり、その凡庸さと無内容が芸術の副次的で皮肉な第二段階だと誤解されている。ボードリヤールの判決は厳しいもので、彼にとって明白な事実とは「第二段階だろうと第一段階だろうと、美的段階への移行は何も救い出せず、逆に、凡庸さの程度が二乗化された状態へとたどりつく。それは「私は無価値・無内容（ニュル）だ！　無価値・無内容（ニュル）だ！」と叫んで、無価値・無内容を気取ることにすぎないが、じつは、ほんとうに無価値・無内容なのだ。」[18]

ここで「私」とは特定のアーティストではなくて、集合的存在（スノッブや無価値・無内容の作品の偽造者など）であり、彼らは美術業界の演出効果の釣り上げ（展覧会の特別招待、展覧会などでの越境的侵犯効果）を狙っているし、これ以上はありえないほど金儲け的で投機的な美術マーケットをターゲットにしている。この「無価値・無内容の商業戦略」は、ボードリヤールがとくにこだわっている無価値・無内容の真の意味を損なうので、彼にはいっそう倒錯的に見えるのだ。もちろん、何が真で何が偽なのかは明言できないが、ここで無価値・無内容とは現実の消滅に

（17）J. Buaudrillard, *Le Complot de l'art*, Paris, Sens et Tonka, 1997-2005, p.61. ボードリヤール『芸術の陰謀』

（18）*Ibid.*, p. 63.

署名し、幻想を根絶する選択のことである。消滅の芸術（技法《アート》）にとって、この際道徳的判断は度外視するとしても、無価値・無内容を美的スペクタクルや商品価値に変えてしまうことほど卑劣な選択があるだろうか？

　現代アートの値打ちのこの種のちょっとした釣り上げは、不快ではあるが、競争相手であり、馴れ合い仲間でもあるごくちいさなサークルの問題にすぎず、じつはたいしたことではない。もっと深刻なのは、現代文化の宿命とも言える「エステティック（美的趣味）化の病」[19]のほうだ。今後は、どんなモノでもアートになれるのだから、何がアートで、何がアートではないのかを知ることは、ますます困難になる。美術館が商業的ギャラリーに、デパートが美術館になる時代には、アートの境界とその基準を定めている場所や制度自体の〔他の場所や制度との〕差異が消滅するのである。[20]マクルーハンが「我々は今後人間の環境全体を芸術作品に変える可能性に気づくようになる」と言ったのは正しかった。[21]つまり、美学（エステティック）と創造（クリエーション）は同じ付加価値であり、その背後でモノが消滅するのだが、このシステムについてはボードリヤールがすでに一九六八年に描写していた。*1 創造と、消費やコミュニケーションの間の距離、インサイダー取引とヴァラエティ・ショーの間

（19）*Ibid.*, p. 86.

（20）Cf. *Vitrines sur l'Art*（「芸術のショーウインドー」）：Galeries Lfayette〔ギャラリー・ラファイエット、パリを中心に各国に展開する大百貨店〕が数年前から運営している芸術展示で、le Centre Pompidou, La Gaîté Lyrique, la Maison rouge, le Palais de Tokyo などが参加している。ギャラリー・ラファイエットは芸術的創造と一般大衆との仲介者の役割を果していると自称する。

の距離は、こうして奇妙にも縮小することになる。

実際、今や芸術は、ＴＶの連続メロドラマ「ソープオペラ」や、どれも似かよったナレーション付きの「ロードムービー」や、パブリシティやビデオクリップやリアリティ番組から、つまり、自己言及的な雑多性からますますアイディアを得ている。そして、この種の混乱した筋書きでは、消費生活への没入を通じた自己表現の追求が場面の進行を支配する指令（ト書き）であり、身分の区別や社交的場面を持っていた文化（美術展の特別招待や観劇などの自己顕示）とは別に、個人的趣味や自分好みの付き合いなどの内密な場面がますます強調される。メディア文化が個性の自律的形成作用を保証し、社会学者たちが提案する「自己表現的個人主義」の概念が美学と主体性の共謀を指示するだろう。というのも、もっとも「マスメディア的」な段階からもっともエリート主義的な段階まで、文化のさまざまな審級が自己表現のあらゆるナルシス的形態を優遇して、「プシ＝カルチャー（精神分析的文化）」の肯定に貢献してきたのである。

現在では、芸術という領域は、リアリティ・ショーに倣って、「生活を利用する戦略」つまり集合的主体の生産過程に介入しながら、芸術を自己目的として機能している。生活の内密性へのスペクタクル（見世物）

（21）ボードリヤールによるマクルーハンからの引用。J. Baudrillard, *Le Pacte de lucidité ou l'intelligence du Mal*, Galilée, Paris, 2004, p.91.（"We have now become aware of the possibility of arranging the entire human environment as a work of art."）『悪の知性』

＊1『物の体系』

的熱狂のためにマスメディアを利用し続けるアーティストもいるが、とりわけソフィー・カル[*1]は「自己への情熱」の典型である。彼女は、私たちに自分の私的生活を公開し、彼女の幸福と不幸、恐怖と感動、恋愛と挫折を——少なくとも他人の存在を介して——私たちと共有する。カルは自分について語り、自分の姿を露わにし、自分を見せつけるので、私たちは彼女のベッドのシーツの色や食事の献立や、彼女の気分を知っている。彼女は自分の「実話」を語り、他人の「実話」を利用するので、誰にでもありそうな「実話」が確認できる。こうして、アイデンティティへの異常な関心の亢進は感動さえ呼び起こして、最高度に明白な混同状態に達した芸術とメディア文化が一体となって、この種の感動の要素を利用するのである。キッチュや安上がりな感動と「いちゃつき」ながら（もちろん比喩的な意味で）、ソフィー・カルは、正統的《レジティム》な文化のオーソドックスな規範だけを多分もう頼りにしてはいない大衆の支持を獲得する。あるいは、まさに彼女の洗練された魅力が、ギャラリーや美術館の格調の高い空間とマッチするので、カルは広範な大衆を彼女のたくらみに惹きつけることに成功する。彼女の芸術は文化的諸産業が提供する品物への彼らの好みと重なるので、巧みに誘惑された大衆の満足度がますます高まるだろう。

*1 Sophie Calle, 1953-：現代フランスのコンセプチュアルアーティスト・写真家。『ヴェネツィア組曲』（ボードリヤール序文）一九八〇等。

こうして、この種の現象には正統性の次元の複数性を認めないわけにはいかないのだが、それは、一九七〇年代以降のメディア化されたパブリシティによる宣伝広告の経済活動が、アートの制度的業界人（批評家、キュレーター、画廊主など）が執着してきた正統性を彼らと競い合うようになったせいでもある。二重の動きによって、美学にはねじれが生じてしまった。一方には、凡庸さ（複製の大量生産、リメーク、ディオニュソス的戦略）や廃棄物や[22]「性的絶頂感（オルガスム）」[23]の要素（射精に通じる要素）を多用して自己満足する芸術の傾向があり、他方には、もはや芸術そのものではなくて、美学に対するメディア文化の支配がある。というのも、美学は、もはや芸術そのものを定義するのではなくて、情緒（パトス）的体験を通じて大衆がアイデンティティを投影する場面を規定するようになってしまったからである。哲学者や美術批評家や社会学者は、美的基準の空白状態という現状に直面して、必然的な困難に陥っている。参照項の体系の解体に直面した彼らは、それ以後袋小路に入り込むのだ。その結果、ジャン・クレール、アーサー・ダントー、ジョルジュ・ディディ＝ユベルマン、ティエリー・ド・デューヴ、ネルソン・グールドマン、ナタリー・アイニック、マルク・ヒメネス、イヴ・ミショー、ミシェル・オンフレーらによる多くの論考が発表され、彼らはそれぞれのやり方で

(22) C. Buchel, *Minus*, 2002（ポンピドゥー・センターで2005年に再現されたインスタレーション）
(23) P. McCarthy, Sleep Plug, 2005（インスタレーション）

「ガス状態の芸術」[24]によって導入された、参照項を失ったこの混乱状態を理解する要素の解明への貢献を試みているが、この種の「芸術」は、モノの脱現実化と「マスメディア化」という一連の動きの中で生まれたものである。それはまた、文化の民主化にあれほど執着し、民主的文化の実現にあれほど努力した知識人たちが悲愴な想いで嘆いている状況であり、彼らは今後メディアを通じた文化の通俗化と商業化にいっそう不満を抱くことになる。

美術関係の業界の偏狭さを嘆きながら、その領域を守ろうとする態度に関しては業界から相当な利益を引き出している人たちの思惑とは無関係に、ボードリヤールが試みた芸術の陰謀の告発は、「美を感知する脳波」がまったく反応しないような――無価値・無内容（ニュル）なアート[25]の押しつけに飽きた、その他の多くの人びとに歓迎されている。ボードリヤール自身が――あの恐るべきアイロニーを伴わないわけではないとしても――述べたように、「幸運な言語による絶望的な分析のほうが、不運な言語による楽観的な分析より価値がある。後者の言語はたいていの場合、倦怠のために絶望的になり、平板さゆえに元気をなくしてしまう」のだ[26]（『完全犯罪』）。「あらゆるものごとが美的凡庸さの位置まで上昇する現象」に直面して、ボードリヤールは不服従の権利を要求し、

（24）Y. Michaud, *L'Art à l'état gazeux. Essai sur le triomphe de l'esthétique*, Stock, Paris, 2003.

（25）J. Baudrillard, *Le Complot de l'art*, Paris, Sens et Tonka, 1997-2005, p. 134. ボードリヤール『芸術の陰謀』

（26）J. Baudrillard, *Le Crime parfait*, Paris, 1995, p. 149. ボードリヤール『完全犯罪』

「無価値・無内容（ニュル）という脅迫」を共有することを拒否する。

「無価値・無内容（ニュル）という脅迫をつうじて、逆に、〔現代アートにとって〕無価値・無内容であることが重要なのだと人びとに信じこませること…。その場合、現代アートが無価値・無内容であるはずはないので、そこには何かが隠されているにちがいないという思いこみが口実となる。現代アートは、この種の不確実性を利用し、根拠のある美的判断が不可能になったという状況につけこんで、現代アートをまったく理解できない人びと、あるいはそこには理解すべきことなど何も存在しないことが理解できなかった人びとの後ろめたさをあてにしている。ここでもインサイダー取引がはびこっているのだ。[27]」（『芸術の陰謀』）。

それこそが陰謀の対象としてのモノ、そのものなのだ。

（27）*Le Complot de l'art*, p. 91『芸術の陰謀』

5 情熱の対象としてのモノ
L'OBJET DE LA PASSION

『アメリカ』*1

「別の星のような（シデラル）」国アメリカは、消滅の美学に向って開かれているボードリヤールの思想のファンタスティックな起爆装置だ。(1) 最初の渡米は一九七〇年のコロラドで、一九八〇年には、高速道路を走って合衆国を横断するラウンドトリップを行い、ロスアンジェルス、サンタ・バーバラ、ラスヴェガスの大学に滞在している……。ボードリヤールのアメリカはこの哲学者の思想を映す鏡であり、実現したハイパーリアリティの巨大なホログラムを投影するキネティック（動的）でシネマティック（映画的）な大型画面になっている。ニューヨーク、ロスアンジェルス、シカゴなどのメガロポリスから成るアメリカは、ボードリヤールが構想した通りの完璧なシミュラークルであり、モノの過剰

*1 ボードリヤールの著作一九八六。

(1) P. Virillio, *L'Esthétique de la disparition*, Galilée, Paris, 1989.

と富の蓄積の中心の、バーやスーパーマーケットが混ざり合う空間では、「世界自体が、別世界で作られたようなパブリシティとの結びつきでしか存在しないのではないかと思われるほどだ。」(2) シミュレーションは、ここでは、いたるところに出現する映像の画面の中で見られるように、ニューヨーク市の街路や自動車道路網の中で具体化されている。「アメリカン・ウェイ・オブ・ライフ」は、フィクションの限界を越える近代性のオリジナルなヴァージョンであり、ヨーロッパの近代性は、その字幕付きのヴァージョンにすぎない。権力と栄華、極端な浪費に行きつく富、アメリカはハリウッド映画と、そしてボードリヤールがすでに予告していた、あの実現されたユートピアなのだ。

だが、新大陸との接触から実感されたショックは、未開の状態(砂漠)と絶対的なシミュラークルという根源的な二重性に、さらには陶酔感結びつくことになる。それは明らかに砂漠への陶酔感(「砂漠よ、永遠に」)であり、『アメリカ』のもっとも美しいページは写真に捧げられ、写真によって中継されている。砂漠の冒険は――哲学的な意味で――現象的であり、それがもたらす驚異を通じて恍惚感を生み、そこから持ち帰る想い出としてクールなものであり、縞模様の空間や岩塩に覆われた地形や、オレンジ色や青や紫色(モーヴ)のパステル画のような景色によっ

(2) J. Baudrillard, *L'Amérique*, Grasset et Fasquelle, Paris, 1986, p. 35. ボードリヤール『アメリカ』(田中正人訳、法政大学出版局)

て官能的になる。知識人というより旅行者〔トラベラー〕としてのアメリカ横断の旅を通じて、ボードリヤールが発見したのは、デスバレーやソルトレイクやモニュメントバレーのような、地球表面の「否定性」[*1]を浮かび上がらせる砂漠の原始的な拡がりなのだ。砂漠は「人間の時代よりはるかに奥深い先史時代の存在の証拠であり、鉱物学や地質学や、別の星のような非人間的な異質性や、文化という人為的気配りを追放する乾燥、他のどの場所にも存在しない沈黙を物語る。」[(3)]砂漠の拡がりの対極に位置するのが、砂漠を通り抜けるための速度だ。この速度は、逆説的なやり方で、時間の消費と形態〔フォルム〕の衰弱、そして空虚の魅惑を創り出す。砂漠という形態は「社会の砂漠化〔人間関係の希薄化〕の純化された形態」[(4)]であるという意味で、そのすべてが消滅の技法を呼び起こす。原始状態の砂漠は地上の最初の消滅そのものであり、シミュレーションが実行するあらゆる犯罪行為から免れている。

砂漠は、その幾何学によって主体を覆い隠し、どこに向けられない眼差しを覆い隠す。砂漠は一つの存在論的形態であり、ボードリヤールは写真という行為を通じてこの形態を把握しようとするだろう。砂漠は、写真家としての作家〔ボードリヤール〕の態度を初期化し、典型化するのだが、彼は時に応じて、楽しみで、さらにはくつろぐために写真家

*1　写真のネガの意もある

(3) *Ibid.*, p. 11.

(4) *Ibid.*, p. 11.

になる。ついうっかりそうなると言ってもよいかもしれない。ボードリヤールは写真を始めるために写真教室に通ったことも、誰かに手ほどきを受けたこともなく、それどころか、自分で撮影した写真を展示しようという野心を抱いたこともない。撮影用のカメラは、彼が一九八一年に日本を訪れた際に提供されたもののようだ。*2 それ以来、諸国を旅する機会に、彼はカメラを持ち歩くようになった。初めのうちは気晴らしの道具だったが、文章を書くことに代わる好運な選択肢となり、たいした美的気づかいもなく写真を撮ることで、現実との（文章とは）まったく異なるコンタクトが可能になり、ボードリヤールは写真という行為について考察するようになり、写真家としての自己の位置づけを定めないわけにはいかなくなった――イメージの拡張に対する厳しい批判者だったあのボードリヤールが、である。この位置づけは、おそらく主体を頂点の位置から引きずり下ろす哲学者としての位置づけに負うところが多いが、砂漠での実感的体験にも多くを負っている。『カイエ・ボードリヤール』*3 でフランソワーズ・ガイヤールが書いたように、「彼の写真は（もちろん、砂漠を対象にした写真だけのことではないが）つねに砂漠的なので、そこからは意味が砂漠のように失われている」のだ。(5)

アメリカから帰国して、その後オーストラリア、ラテン・アメリカ、

*2 「ボードリヤール・フォーラム東京81」（『シュミレーションの時代――ボードリヤール日本で語る』JICC出版局参照）

*3 『レルヌ』八四号二〇〇五：ニーチェ、ベンヤミンからブルトン、カミュ、ウエルベックらまで世界的著名作家・思想家の特集で知られる大判の雑誌

（5）F. Gaillard, "Le Pacte de (fausse) indifférence ou le philosophe-photographe", *Cahier Baudrillard*, L'Herne, Paris, 2004, p. 209.

スペインを回ったボードリヤールは一九九九年にパリのヨーロッパ写真美術館（Maison européenne de la photographie）が主催するセミナーに呼ばれ、彼の写真を展示するよう招待された。さらに、同じ年の四月七日から五月一六日まで、彼の写真はトゥールーズのシャトー・ドー画廊で展示され、その初日にトゥールーズⅡ＝ル・ミライユ大学の芸術的イニシアティヴセンター（CIAM）で開催された講演討論会に参加している（この時の講演「モノが私たちのことを考えている」の講演録全文は本書〔第Ⅱ部〕に収録）。その後も多くの写真展が続き、二〇〇四年七月にドイツのカールスルーエのZKM*1で彼のために開催されたシンポジウムでは、ボードリヤール七五歳の誕生日*2を記念する写真展も催された。(6)

　当時、現代アートに関するボードリヤールの批判的立場は多くの論争に材料を提供していたし、さらに、偶像破壊的な態度で知られる哲学者の写真展が公的施設で開催されたことも、批判と誤解を招かずにはいられなかった。イメージによる過剰搾取をあれほど非難した知識人が自分のイメージを押しつけて満足しているとしたら、彼を信用してよいものだろうか？　作品の美学的意図を排除している人物にどんな正当性を与えられるだろうか？　こうして、彼の実践は、才能の限界に達した知識人の欺瞞として解釈されて、写真芸術のもっとも熱心な信奉者による挑

*1 アート＆メディアセンター：ボードリヤールの写真のコレクション所蔵

(6) "Hommage à Jean Baudrillard photographe", colloque ZKM (Zentrum für Kunst und Medientechnologie) de Karlsruhe (Allumagne). 「写真家ジャン・ボードリヤールへのオマージュ」(ZKMシンポジウム、カールスルーエ)

*2 七月二七日

発を受けることになった。だが、ボードリヤールの写真の美学やクオリティや正当性に気づいていたかどうかは別にしても、批判者たちのうちで、彼の写真が、文章とは別のやり方で、西欧的な表象の形而上学のまさに対極に位置することを理解した者は少なかったから、彼に寛大な人びとはひどく面食らうことになった。おそらく、彼らは「普遍化された脱現実に関するイメージによる考察」[7]、つまりボードリヤールの思想の絵解きを期待していたのだが、彼の写真には「真実やモラルや美学がテーマや目的になっている場面」[8]を一つも見つけられなかったのである。

結局、「この哲学者は何ごとかを少しでも正当化することではなくて、自分が退屈しないことを追求しているのであり、そのために、彼は世界のもっとも興味深い、その上もっとももリスクのある場面を探し求めている……」[9]ことを認めた論者はごく少なかった。美しかろうと、そうでなかろうと、構図やコンテンツとも無関係にひたすら凡庸なイメージを媒体とすることで、視線による思想表現に逆らう方向に進むことは、たしかにリスクのある賭けだった。この種の賭けは、鑑賞者に合図を送るようなマニエリスム的テーマが不在であるだけに、いっそうリスクが増すことになる。ボードリヤールの写真にはリアリズムも美学も存在せず、写真は鑑賞者も気づかないうちに、〔彼らの内面に〕秘かに取り込まれる

(7) F. Gaillard, *op. cit.*

(8) *Ibid.*

(9) *Ibid.*

のである。

ボードリヤールが「撮影されることを望んでいるのは場面（シーン）の方だ」と告げる時、視線が理性によって基準を押しつけられるという宿命を、彼はかなり勇敢に嘲弄している。歴史的には、透視遠近法の法則が世界の理性化のあらゆる過程をすでに先取りしていた。数学的諸法則が、視覚の円錐の頂点から世界を見下ろす位置を主体に付与したのである。遠近法（パースペクティヴ）は新たな精神的空間の表現として幅を利かせ、そこでは主体が場所（空間）の新たな主人となって、世界を客観視する（モノとして見る）視線を向け、物質的世界に対する支配を特徴づける。[10]リニアな遠近法は、形象化の様式の範囲をはるかに越えて、事実上新たな視覚的空間を創出し、その規範的圧力は今なお私たち自身のものの見方を認識論的かつ象徴的に支配している。見えるものの組織化と文化のさまざまな様式の更新に関しては、科学技術の急激な発展と近現代美学の潮流の影響がどのようなものだったとしても、客体（モノ）を下層の位置に格付けする主体と客体（モノ）の関係が知のパラダイムとして持続し、私たちの精神構造を固定化し続けている。モノを見下ろす主体の形而上学が、私たちの集合的意識の奥底で優位を維持しているのだ。

（10）A. Sauvageot, *Voirs et saviors. Esquisse d'une sociologie du regard*, PUF, 1994.

ボードリヤールが世界に向ける視線には、そのような主体の優位性はまったく存在しない。主体と客体（モノ）の役割の逆転への彼の執念はそれほど強固であり、モノにはあらゆる敬意が払われている。写真家の視線はモノの誘いに応えるだけであり、彼は「事物の皮肉な（アイロニー的）出現の代理人」にすぎない。ここで常識と衝突して、常識を驚かせる問題が生じる。ある事物が撮影されるのを望むような状況はいかにして可能なのか？　それはモノの側の意志なのか、それとも形而上学的思想家の側の意志なのか？　おそらくどちらでも同じことだろう。主体の代わりに、モノの領野に移行したいという願望に関しては、ボードリヤールの立場がよく知られている。ボードリヤールという哲学者は、この提案について考えるために、またしても主体が必要になってしまうことを知っていた。モノの意志に関しては、彼の主張にある種のアニミズムを投影しようとする意図もありそうだが、あらゆる場面で無信仰《メクレアン》であるボードリヤールにとっては問題外だ。それでは、この写真家である哲学者[*1]が表明しているモノへの欲望は、彼の存在と彼自身の魅力の作用でなければ、いったい何なのだろうか？　写真のイメージは、まさに一つの闘争であり、「秩序とヴィジョン（ものの見方、視野）を押しつけようとする主体の意志と、非連続性と無媒介性を通じてみずからの存在を認

＊1 philosophe-photographe

めさせようとするモノの意志との」決闘であって「最良の場合には、モノが勝利を収める……」[11]のである。それに、主体がメディア（媒体）の背後に姿を隠して、「モノ（オブジェ＝被写体）とカメラのレンズ（オブジェクティフ）との間の、外観と技術との間の、光の物理的特性とカメラという機械の形而上学的複雑性との間の共犯関係を、ヴィジョンも感覚も介入させずに作動させる状況のもとでは、主体について語ることが今なお有効なのだろうか？」[12]結局、沈黙して、自分自身を抽象化し、レンズの自動運動（オートマティズム）にすべてを任せれば、魂の状態を持たないレンズはモノ（被写体）を、それが表象の多様な変容に従属する前の、優先的な状態、あるいは始原の（プリミティヴな）状態で捉えることができる。モノの呼びかけに応えて、モノをそのもの言わぬ内在性のうちに捉えること。なぜなら、写真のイメージは現実世界の騒がしい環境からモノを引き出すからだ。こうして、「周囲の騒音や暴力がどれほどひどくても、写真はモノを不動性と沈黙に連れ戻す。都会の混乱のまっただなかで、写真は砂漠の等価物である特異現象としての隔離状態を再創造する。」[13]

ボードリヤールの言葉通り、プロの写真家でも芸術写真家でもよいが、自分の選別的な解釈を優先する多くの写真家とは逆に、「写真のす

（11）J. Baudrillard, *Car l'illusion ne s'oppose pas à la réalité*, Paris, Descartes & Cie, 1998.

（12）*Ibid.*

（13）*Ibid.*

べての仕事をなしとげるのは、間違いなくモノ自体」なのだ。（写真家を）呼びとめ、合図を送り、挑戦状を突きつけるのはモノのほうであり、シャッターを押す指はモノの誘惑を受け入れたことの表現にすぎない。ジェームズ・ギブソン[*1]は、アメリカの哲学者としてよりむしろ知覚心理学者として、事物が私たちに送ってくるこのような信号を別の言葉で言い換えている。視覚への環境論的接近を通じて、ギブソンは私たちを取り囲むモノ（オブジェ）による誘いをアフォーダンス（affordance）と呼んだ。それは媒介的表象を通過せずに知覚されるものであり、行為へのきっかけを提供し、準備する内的能力を対象（モノ）に授けるという意味の動詞（afford）[14]から形成された新造語である。モノ自体にそなわったアフォーダンスの力は、多様なカテゴリー化や、手がかりから引き出される仮説や仮定などの心理的諸過程を短絡させる。まずモノがあり、認識は二次的なのだ。自然の組織（オーガニズム）と世界との間には連続的な交換、つまり環境とのある種の共生関係（シンビオーズ）が存在している。

とはいえ、この種の科学用語は、ボードリヤールがカメラの後ろからモノとの共謀関係を伴って目にした、熟慮されたというよりむしろ詩的な軽やかさからはほど遠い。モノが「供物」としての眼差しを彼に向け

＊1　James Gibson, 1904-1979：アフォーダンス（環境やモノに備わった生物への働きかけを探求する科学）の提唱者の一人。

（14）J. J. Gibson, *The Ecological Approach to Visual Perception*, Houghton Mifflin, Boston, 1979.

る場合、両者の関係は、ますます「隠れんぼ」（カッシュカッシュ）ゲームの様相を帯びる。モノにとっても主体にとっても、出現と消滅のゲームだが、どちらもある種の決闘状態に組み込まれ、その悪戯的な性格は、好事家的趣味から、ボードリヤールの『クール・メモリーズ』*1にこんなな論争的記述を見つけた人を時おり微笑ませるだろう。「あらゆる写真のイメージは写真に写されたいというモノ（被写体）の願望に依存している。もしモノが写真家の呼びかけに応えなかったら、他の場所で姿を見せてくれればよいのだ。」(15)けれども、このゲームが遊戯的であるのと同じくらい形而上学的であるのは、写真というメディアの自動記述性のおかげで、写真の深部でうごめいているのが「我々自身は不在の状態で（…）あらゆる意味作用を越えて、終末の地平線の彼方で、世界が何に似てくるのかを見きわめようとする欲望（…）」だからであって、「そこは、純粋な出現とありのままの世界の領域であり（つねに何かの表象の世界でしかなかった現実世界とは別の領域だ）、あらゆる付加価値の消滅からしか立ち現れない場所なのである」(16)。

おそらく、ボードリヤールがいちばん身近に感じていたのはロラン・バルトである。というのも、写真固有の特質への信頼は、写真家に想定される技術とは逆比例の関係にあり、写真家の主要なクオリティは――

*1 『クール・メモリーズ』I～V：一九八七～二〇〇五（世界を巡る旅日記風の随想集）

(15) J. Baudrillard, *Cool Memories V, 2000-2004*, Galilée, Paris, 2005, p.21.

(16) J. Baudrillard, *Pourquoi tout n'a-t-il pas disparu?*, L'Herne, Paris, 2007, p. 20.『なぜ、すべてがすでに消滅しなかったのか』

バルトにとっても、ボードリヤールにとっても――ただ単に「そこにいる」ことなのだ。「私はあらゆる知識やあらゆる文化を遠ざけ、別人の視線を受け継ぐことを避ける（…）。私に名づけることができるものが、現実に私と重なることはない。[17]」写真のイメージは、写真家の行為とは裏腹に、現実を浮かび上がらせるものでなくてはならない。そのイメージをいっそうリアルにするのが写真家の退却であるだけに、なおさらである。写真は事物がそこにあったことを否定することを永遠に禁じている。「それがあった」（Ça-a-été）ということは、フィルムが捉えたものは「そこにあったが、すぐに離れてしまった」ことの証明であり、「それは必ず不可逆的に存在したが、その時点ですでに時差を生じていた」のだ。[18] そして、ロラン・バルトにとって、「それがあった」[*2] は冬の庭にいる五歳の少女（彼の母の子ども時代）の顔になったとしても、ボードリヤールにとっては、フィルムの上に記述されたことは、メディアの自動運動が実行するあらゆる砂漠化としての純粋な客体化――まさに砂漠そのものだ――を再現している。二人の作家にとって、写真――光の自動記述――は、文章より巧みに「影や光や物質と同じように明白な魔術を伴って現れる」。[19] いかなる文章も本来は虚構（フィクション）である以上、ここまでの確信を与えることはできない。写真のイメージの効果は、表

（17）R. Barthes, *La Chambre claire. Note sur la photographie*, Seuil, Paris, 1980.

（18）*Ibid.*

*2　バルト『明るい部屋』三一～三二節。

（19）J. Baudrillard, *Car l'illusion ne s'oppose pas à la réalité*, Paris, Descartes & Cie, 1998.

象行為を免れることであり、それこそが言語活動に対置される写真のラディカル性と他者性なのだ。文章の記述や、さらには世界の喧騒から写真が逃れることを可能にすることで、ボードリヤールは写真への情熱を抱くようになった。彼は言う。写真は彼自身が「意味と文章の記述に対抗して、モノ（被写体）の字義通りの〔物体としての〕特性（リテラリテ）性を見出し、そのことによって、イメージの破壊的機能を見出すこと」を可能にするのである。[20]

　ボードリヤールがめざすものは、たしかに、美的な意図の実現とはかけ離れている。彼の写真が美的だと評価されるかどうかは、彼自身が繰り返しているように、問題ではない。彼の課題はもっと存在論的で、写真の沈黙を通じてイメージの氾濫――「あらゆるイメージ、あらゆる場面、あらゆる時点の潜在的同時性」[21]――がもたらす騒々しい大混乱に抵抗することなのだ。写真（とくに彼の写真）は、デジタル技術が導入した視覚的領域の混同と無差別化に対する解毒剤になり得るだろう。ここでもまた、技術的装置である写真の媒体（メディア）が責任の一端を負わなくてはならない。ボードリヤールが最初の写真を撮影した時期[*1]には、デジタルカメラはまだ出現していなかった。ニコンがプロの写真家の広範な層をターゲットに最初のデジタル一眼レフ[*2]を発売したのは一九九九

(20) Conférence-débat de Jean Baudrillard, "C'est l'objet qui nous pense", Université Toulouse II-le Mirail, 7 avril 1999.（ボードリヤール講演＋討論「モノが私たちのことを考えている」本書第Ⅱ部に訳出）

(21) *Ibid.*

*1　一九八〇年代初頭。

*2　NIKON D1

年であり、その後写真はヴァーチャルな情報処理的現実に没入して、イメージの運命が完全に変わってしまった。現代文化の展開との関連では、アナログからデジタルへの移行は、あらゆる参照項（指向対象）の重荷を降ろしたデジタル写真の到来によって、典型的に例証されることになる。銀塩写真では、事物《ラ・ショーズ》はフィルムの感光層の上にそれ自体を直接プリントする（むしろ「プリントしていた」）から、イメージは事物（物理現象）との隣接性を維持していた。写真の陰画（ネガ）は——トリノの聖骸布*3やヴェロニカの聖顔布*4さながらに——特定の時点でのありのままの世界とその感知可能なイメージを媒体なしにつなぐ連続性そのものである。デジタル写真は、逆に、写真という行為の一度限りの瞬間性に弔鐘を鳴らす。参照項（指向対象）も、モノの一回限りの特異な現れの必要性も、事実確認の効果も、世界の疑問の余地のない痕跡も、もはや存在しないからだ。そして、ボードリヤールは正当にも、こう自問する。「データの計算とデジタル技術が形態（フォルム）そのものに打ち勝ち、コンピューターソフトが視線に打ち勝つ時、それでもなお写真《フォトグラフィー》*5について語ることができるだろうか？」[22] 彼はノスタルジックで退行的なあらゆる感情を込めて自分を弁護しているとはいえ、ボードリヤールには「時流」に逆らって、時代によって価値の変わらないものを守り抜きた

*3 処刑されたキリストの遺骸を包んだとされる聖遺物。

*4 彼女が差し出した布でゴルゴタの丘へ向かうキリストが顔の汗を拭ったとされる聖遺物。

*5 原義は「光による記述」

(22) J. Baudrillard. *Pourquoi tout n'a-t-il pas disparu?*, L'Herne, Paris, 2007, p. 32.『なぜ、すべてがすでに消滅しなかったのか』

いという願望がまだ残っている。最初期には気晴らしの手段であり、場合によっては文章による記述に添える副本ともなった写真は、ボードリヤールの場合には、こうしてモノへの情熱の対象になったのである。

Ⅱ　現代思想の写真論（ボードリヤール講演録・一九九九年四月七日）

1 ジャン・ボードリヤール講演「モノが私たちのことを考えている」

司会：アンヌ・ソヴァージョ
ミライユ・アートイニシアティヴ・センターCIAM
（トゥールーズⅡ－ミライユ大学）

アンヌ・ソヴァージョ：

ジャン・ボードリヤールさん。それでは、まず初めに、あなたがCIAMの今回の招待を受諾して下さり、シャトー・ドー・ギャラリー[*1]で今日から始まる展覧会について、私たちに紹介しに来て下さったことに感謝します。

ところで、あなたは世間が貼りつけようとするいくつかのレッテルをはぐらかす傾向があるので、ジャン・ボードリヤールを紹介することは容易ではありません。

*1 トゥールーズ市の歴史的建造物である旧水道塔《シャトー・ドー》に開設された写真専門ギャラリー（ポンヌフ橋西端）。

あなたは社会学者として、長年ナンテール〔パリ大学〕で社会学を教えていましたが、結局、社会学者だと主張することはなく、いずれにせよ、もはや自分をそのように認識してはいません。同様に、世間はあなたを哲学者と見なしてきましたが、あなた自身がこの学問分野を自分のものだと主張したことを、私は一度も聞いたことがないように思います。

そして今日、私たちは写真家としてのあなたを見出していますが、この場合にも、あなたがこの役割の中で、あるいはこの位置づけを通じて、完全に自己認識ができることには、私は疑問があります。

あなたをいちばん良く規定するのは、明らかに著述の仕事であると私には思えます。あなたは一九六八年に『物の体系』というタイトルで出版された社会学の博士論文以来二〇冊以上の評論を刊行していて、本当は全著作を紹介したいくらいです。そこにはたいへん大きな反響を呼んだ著作も多いのですが、それはさすがに困難ではあります。

いずれにしても、あなたの著作を通じた主要なテーマは、脱工業化社会とも言われる現代消費社会における象徴的財の経済（エコノミー）の問題になるでしょう。その上で、それらをいくつか読んでみて気がつくのは、あなたがいちばんよく取り上げている話題がイメージの拡張（インフレーション）の問題、つまり記号と視覚的現実の爆発や、意味の喪失あるいは消耗の問題だということです。さらに、もちろん、それはまた現実と表象されたものとの間の、解きほぐすことがひどく困難な関係の問題でもあります。同様に、あなたは最近、芸術について、というよりはむしろ芸術の脱神聖化について相当激しい主張を展開して、論争を呼びました（『芸術の陰謀』）。美的なものの極端な凡庸化（あなたの言葉では「普遍化された美的趣味」）について、と言ってもよいでしょう。

あなたはこれまで、こう言ってよければイメージの危険な役割、少なくともイメージの人びとを魅了する力とシミュラークルとしての役割を何度も批判してきたので、今日、あなたが自分で撮影したイメージをある意味で「公共化」して展示していることに、少しばかり驚いたり、不審に思ったりする向きもあるようです。つまり、あなた自身によるイメージが公共化されたり、物神（フェティッシュ）化されたりする機会が生じているということですね。

そこで、私たちにとっておそらくいっそう重要だと思われるのは、あなたが世界中を巡る何度かの大旅行の間に撮影した写真を、結局今回展示することになった理由について、私たちに説明してくれることです。文章や発言では表現できなかったどんなことを、あなたはこれらの写真に語らせることができるのでしょうか？　あなたが資料ケースや引き出しの中に置き去りにしたすべての写真ではなくて、なぜ、どのようにして、とくに今回の写真になったのでしょうか?……つまり、まず初めにあなたにとって写真とは何かを、私たちに語ってほしいと思います。そのあとで、私たちの現代的状況のもとで、幻想との関係におけるイメージの役割について、会場の皆さんとの討論を聴きたいものです。

ジャン・ボードリヤール：

わかりました。了解です。あなたが言われた通り、私はほとんど偶然写真家になったにすぎないし、それほど昔からのことではありません。また、私の専門は著述や理論の領域なので、私は、ある意味で少しばかり目立たない（透かし模様のような）かたちで、写真家であるにすぎないのです。（だからといって、写真家としての活動を否定するわけではなく、そんなことは問題になりませんが。）それはともかく、そこには著述との関係が存在します。最初の関係は気晴らしについてです。つまり、写真は計算も計画もなく、文章から逃れ、理論から逃れる手段として始まったのですが、それは、ある時点で思想やイデオロギーの飽和状態が生じたので、そうした領域の外に出て、外部に移動したいという単純な欲求だったに違いありません。

もちろん、モノと同じように、イメージはいつも私の関心事でした。おそらく〔文章からイメージへの〕移行は自然発生的に起こったのですが、またしても、このストーリーには何の必然的関係も、まったく何の使命感もありません。要するに、写真は、初めから気晴らしの問題だったのです……。だから、どのように自己紹介すべきでしょうか？「フィロ＝フォトグラフ（哲学＝写真家）」でしょうか、「フォト＝フィロゾフ（写真＝哲学者）」でしょうか？ こんな表現では、ハイブリッドかキメラのように思われてしまうかもしれませんね。

とはいえ結局、写真は私の情熱の対象となり、私は写真に熱中するようになりました。最初から関心があったわけではありませんが、私が写真を体験し、生活に取り込んだのは、言葉のコントロールや象徴的な支配の形態に縛られる文章とは異なり、写真が純粋な楽しみだったからです。純粋な活動として、つまり美的な関心をまったく持たずに、私は写真を実践してきたし、今も実践しています。「あなたの写真は美的（エステティック）ですね」と、私に言う人もいるでしょう。他意はなさそうですが、私にはこの種の〔美的〕関心はまったくありません。おそらく、ある意味では、私の写真（フォト）は正確に言えばいわゆる「写真（術）」（フォトグラフィー）ではないのですが、この点については議論があるでしょう。

したがって、最初の関心は文章から逃れることでしたが、それはイメージのおかげで、イメージを通じて、表象そのものから逃れることだったのです。逆説的ですが、イメージの力によって表象から逃れ、私にとっていつも特権的な場所だったモノの領域へ移動するわけです。でもその際、イメージを利用してそこに移るのです。モノのモノ的生成*1とイメージのイメージ的生成*2との間には、私の場合、必然的な関係がありました。それは、主体の主体的生成*3から逃れることとの一貫した関係であり、こう言ってよければ、キリスト教の規範（カノン）に通じる哲学の中心的テーマになります。

さて、イメージを利用して何かに抵抗することとは、まさに、写真の沈黙によって言葉（パロール）に抵抗し、世界の雑音や騒音に抵抗することであり、写真の不動性によって絶え間ない、いつまでも続く運動に抵抗し、写真の非＝意味《ノン・サンス》によってコミュニケーションや情報や、現在私たちを浸しているすべてに抵抗することです。何も意味しない写真、意味するものなど何も持たない写真によって抵抗するのです。そこで問われているのは、意味作用の沈黙と言えますが、すべてを越えて、現在進行中のイメージの自動的な氾濫とその継起に抵抗するのです。その場合

*1 モノが（無意味な）モノとして認識されること。
*2 イメージが（無意味な）イメージとして認識されること。
*3 主体が（意識的に）主体になること。

に失われたもののすべてがバルトの言うプンクトゥム[*1]、つまり写真を見る者の心を突くあの細部なのではなく、写真という瞬間、つまり撮影された時点であっという間に完了した、取り返せない時間も失われています。だからこそ、あらゆる写真は少しばかりノスタルジックであり、その瞬間はこの種の写真の中で、いつもあっという間に完了しているのです。

写真のこうした瞬間性は、今日リアルタイムと呼ばれているものの中で私たちが体験している瞬間性とは、明らかに正反対です。後者はイメージの連続性であり、できる限り多くのイメージの同時進行性、つまり、あらゆるイメージと場所と時点のヴァーチャルな同時進行性であって、写真の特異的で唯一の瞬間性はまったく逆のものなのです。したがって、そこではイメージの生成に関する選択がなされるので、それが私の関心を惹きます。イメージは、ただ単に目に見える何かなのではなくて、何かがイメージになるための時間をかけて、イメージになるのです。そうしたことのすべては、世界の騒々しい操作の剥奪と中断を通じてしか実現できないでしょう。それはオリジナルなパワー、つまりイメージそれ自体に含まれるオリジナルな幻想のパワーを再び見出すための企てです。なぜなら、イメージのこの種の字義通りの〔現実の写像と

＊1『明るい部屋』の中心的テーマ（後述 p.131-132）。

しての〕特性〈リテラリテ〉、イメージの字義通りの機能は、現在ではすべてのことがらによって、美的なものによって、さらには政治的でイデオロギー的なもの等々によって、徹底的に一掃されてしまったからです。私たちに提供されるイメージは、大部分が写真のイメージですが、とりわけメディアの発信する数々のイメージは、イメージ自体の終わりのないおしゃべりのようなものであり、イメージはあなたに話しかけ、あなたの望むものすべての意味をイメージで表示しますが、イメージのあの生成過程を考慮に入れることはありません。

だからこそ、そうした状況の背後で私がいつも気になっていたのは、ある意味で、いつもモノのことであり、私の写真に本来の意味での人間が存在しないのはそのためです。そこにはシルエットや人影が写ってはいますが、それらはとてもハイパーリアルなのです。そこに人間がいないといっても、人間に対抗して別の何かを撮影したわけではありませんが、いたるところで見つかる主観的で、意味付けされた人間、あるいは歴史的、政治的な人間という重荷が、モノという異質な存在の沈黙の意味作用を覆い隠す遮蔽幕になっているのです。だから、意味に対抗して、文章の記述に対抗して、モノ〈被写体〉の字義通りの〔物体としての〕特性〈リテラリテ〉を発見し、そのことによって、現実を転覆させるイメージの機能を再発見することが、私の関心事になったわけです。
この意味では、それはまた、そこには存在しないものを通じて世界を再発見することでもあります。なぜなら、私が提案しているのは、騒音も動きも意味作用も不在だという、ほとんど否定的な定義だからです。この定義は、かつて「否定神学」と呼ばれていた、神の存在を正面から論じるのではなく、その不在を通じて神を再発見するという命題の探求に少しばかり似ています。
というのも、写真の周囲のこの空虚——イメージそのものを孤立させる空虚——は、少しばかり砂漠に似ているのです。私にとって、写真の背後には砂漠があり、写真の撮影はアメリカの砂漠から始まったのです。砂漠で撮影を始めたのですが、そこで写した写真は絵葉書のような写真で、まったくお粗末なものでした。けれども、そこから何かが現れてきそうな、あの空虚は、砂漠のイメージの中に存在していたとは言えるでしょう。通常の場合、客体（モノ）は、明るすぎる光源のように、主体によっていつも覆い隠されているので、客体の覆いを取り除く必要があります。いわば主体を濾過して客体を清掃し、客体が別の次元の魔術を実践できるようにするのです、
この前提に立てば、すべてのモノは良い被写体になります。モノの側

へ移動した時点で、モノの表象ではない何か、純粋なモノや、純粋で瞬間的な出来事になろうとする何かの側に移動した時点で、そこには形象的で抽象的な写真、リアルでもハイパーリアル等々でもある写真が出現しますが、モノの側に移った時点では、それほど重要なことではありません。厳密な意味で、テーマ的で論争的な要素はそこには存在せず、すべての働きはほとんどモノだけによってなされるのです。プラトンにはまさにイメージに関するとても美しい記述があり、そこで彼は、モノから出る光と視線から出る光の交わる点にイメージが生まれると言っています[*1]。

結局、こうした言葉は理論に合流するわけですが、私の場合、理論とはある概念の周囲に空虚を創り出し、その概念を極限まで押し進めること、つまり解釈や註釈に抵抗して、概念や思想を実験的に明確化するある種の場面を見出すことになります。だから、それはある意味で写真の等価物、写真の働きと同じなのですが、この辺で、話を先に進めましょう。

いつも私には不思議に思えることがあります。それは写真という行為に移る過程です。写真を、自分を取り巻く環境を消費する実践として撮影している場合ですが、そこには行為への移行という決定的瞬間が存在

*1 『国家』洞窟の寓話(前出)。

します。どの写真も決定的瞬間であるということは、私には永遠の謎になっています。そして、実は、写真撮影の場合、行為に移るのは〔撮影者ではなくて〕世界のほうであり、世界が行為者の役割を主体に強いるのではないかと、私は考えてきました。主体は、いつも意味の主人、意味を操る奇術師であろうとしていますが、写真は出来事を写真の意味から排除し、写真のほうが世界の行為を引き受けることになるのです。つまり、ある時点で、行為を実行に移すのは誰なのでしょうか？　世界でしょうか？　それとも、あなたでしょうか？　こうなると、もはや主体と客体（モノ）を区別することは不可能です。世界と主体の、どちらかと言えば物質的な共犯関係が深みに陥るのはここからで、そうなれば、世界はいつまでも行為を自分のほうから実行に移し続けるでしょう。

そして、私にとって重要なのは消滅という問題です。私の場合、写真が消滅、つまり主体の消滅の場所であるのは確かです。バルトもそのことについて、写真機を前にして写真の技法は消滅の技法になり、実物（リアルなモノ）を消滅させると述べています。あなたが写真を撮影する瞬間に、あなたの目の前のモノがどうなるのか、あなたはけっして知り得ないでしょう。モノは別の何かになるのですから。それは明らかなことで、その際モノが、ある意味では世界が消滅するわけです。バルトは、写真という行為には死が存在している、象徴的な殺戮がつねに存在しているとさえ述べています。*1

けれども、消滅するのはモノだけではありません。主体もまた消滅するのです。あなたが向こう側に移動した時点で、カメラのレンズが——シャッターが押されて——潜在的・象徴的に物を消滅させる時点で、カメラは主体としての私自身も消滅させてしまいます。そして、このいわば相互的な消滅を通じて、モノと主体両者の融合が実現するのです。写真はいつも成功するとは限りませんが、成功した写真はこうした条件に合っていたと言えるでしょう。

したがって、私の見るところでは、写真という活動は詩的転移の状況、あるいは状況の詩的転移のようなものだと言えるでしょう。そこには、おそらく、秘かなコミュニケーション、というより秘かな移行路（パサージュ）のようなものがあって、それは人間的な領域、厳密に言えばまさに主体の領域で私たちを嘆かせる非コミュニケーション性、つまりコミュニケーション不能の状況に対する（決定的な解決法ではないにしても）一つの解決法にはなり得るでしょう。この秘かな移行路を通じて、別の次元に属する何かが、おそらく移動するのです。この何かをあらゆる領域に拡大適用できるかどうかは不明ですが、そこには少なくとも、秘密

*1　『明るい部屋』第5節他。

のコミュニケーションと沈黙のコミュニケーションの微小な出来事（ミクロ・イベント）が存在しているでしょう。

もちろん、こうした空虚の空間（スペース）を前にしている場合でも、たいていの写真はある種の強制的な意味づけに従属しており、それがモノの他者性を仮面で覆い、写真に過重な負荷をかけることになります。でも、この点については、皆さんがとてもよく知っているので、先に進みましょう。というのも、現代写真（同時代の写真）は、現代的リアリズムの名において、とりわけあらゆる出来事に関する証言となり、目の前の犠牲者や、目の前の死のような悲惨を撮影せずにはいられなくなっています。世界の悲惨な状況を嘆くミゼラビリズム的なコミュニケーションを通じて、悲惨に打ちひしがれた人びとを撮影せざるを得ないのです。でも、このような写真は何かを私たちに伝えて、何かを実感させるための最良の方法とはとても言えないでしょう。その場合のイメージは現実否認の状態にあり、それ自体がメディアとなったイメージはそこに意味を付与するための媒体でしかないのですから。つまり、イメージが何かに利用される場合には、イメージの不幸な運命のようなものがそこに存在します。もし何かが、愛情や政治的興奮でさえも、姿を現さなくてはならないとしたら、イメージにある種の権限を与える必要があります。いわばイメージがイメージであることを強制する、つまり純粋なイメージとなる必要があるのです。このようなイメージは、たまたま意味を付与されていなかったとしても、単なる意味づけの操作とは別のものなのです。

写真の現実性や出来事性という問題に関して、私にとっては、モノ（被写体）とカメラのレンズの対決と、この対決の暴力性というテーマが残されています。モノとカメラのレンズはまったく和解不可能なのですから、それは決闘であり、モノによる決闘には、厳密に言えば選択の余地はありません。これまで、私自身には被写体を意識的に選んだという実感はなく、私は選ばないし、フレーミングもしません。世界の美的な演出も、サイコドラマやメロドラマ的な演出もあり得ません。ある時点で、何かがふと現れるのですが、おそらく撮影されたがっている何かも、同時に存在しているので、そこにはいつも決闘状態が生じることになります。写真という行為には、結局、ある種の決闘が必要なのです。写真という行為を実行に移すことは、モノとの決闘でもあります。さもなければ、写真撮影はいちばん気軽な解決法、つまり写真の技術への単なる移行になりかねません。その場合、あらゆるテクニックが可能になりますが、それでは、写真という本来の領域から退出することになるでしょう。

現実性という問題に関して、写真はいったい何を捉えているのでしょうか？　写真は現実のイメージをけっして捉えられないのでしょうか？　そもそも、私たちはどんなやり方でも、けっして現実を捉えられないのでしょうか？　ボルヘスはこう言いました。「人びとが現実にけっして安易に適応できないのは、実は現実が存在しないことを予感しているからだ。」それはまた、結局、写真の地平線（視野の限界）でもあるのです。

いずれにしても、モノ自体は想像線[*1]（虚線）のようなもので、モノという「現実」として存在しているわけではありません。そして、イメージもまた、想像上のモノ（対象）であり、だまし絵のようなものなのです。写真のイメージは、じつは私たちから果てしなく遠い、「現実」と呼ばれる世界に私たちを近づけることになるのでしょうか？　それとも、人工的な視界の奥行き（被写界深度）を創り出して、世界との距離感を維持するのでしょうか？　被写界深度が、ある意味で世界を構成するモノたちから、もちろん世界の切迫性から私たちを守り、それゆえ、世界のヴァーチャルな危険から私たちを守っていることは言うまでもありません。それでは、世界はいったい私たちからどれほどの距離に位置しているのでしょうか？　世界とは切迫していて、内在的で、把握できない

*1　製図や地図でモノや地形を描く際に用いられる物理的に存在しない線（図形）。

ものであり、レンズの焦点距離を合わせるだけで、「現実」と呼ばれているらしい何ものかを本当に捉えられるのでしょうか？　写真とは、モノの地平線がショートカットして一瞬姿を現す鏡なのでしょうか？　それとも、主体自身、つまり人間のほうが遠近法（パースペクティヴ）を歪めて、現実の正確な位置を混乱させているのでしょうか？　アメリカの自動車のバックミラーにはこんな注意書きがありました――「この鏡に映る物体は、恐らく思ったほど遠くないか、もっと近いか、どちらかです」。これでは、物体との距離を知ることはできません。ここでは、現実に関する問題のすべてが問い直されています。現実とは何かという問題を閉じることはできないので、ここでは開いたままにしておきましょう。この問題は、すべての皆さんに対して開かれているのです……。

2 ボードリヤールと聴衆との討論

アンヌ・ソヴァージョ：

会場の皆さんに発言いただく前に、ボードリヤールさんが語ったいくつかの問題に戻りたいと思います。それらについては別の場所で、もっとはっきりと主張されたかもしれませんが、結局、あなたはカメラのレンズの後ろに位置した瞬間から、モノ＝被写体（オブジェ）との関係から退くことはできないと言うでしょうし、撮影されることを望むのはモノ＝被写体のほうだとさえ言うでしょう。姿を現したいのはモノのほうであり、モノが私たちのことを考え、私たちのことを欲し、ある意味では私たちを作り上げているわけですから。そこで早速、私は主体とモノ＝客体のあの関係に戻ることにしますが、それはあなたがモノ＝被写体と対面する視点の構築を拒否して、通常の写真家の視線を完全に反転させているからに他なりません。それでは、あなたがモノ＝被写体に対して実践する行為はどのようなものなのでしょうか？　それは、ほとんど本質主義[*1]的な重要さを持つような存在論的位置を、モノ＝被写体に与えるということでしょうか？

ジャン・ボードリヤール：

そう、たしかに、ほとんど主体としての位置と言ってよいでしょう。でも、モノが私たちのことを考えているという場合、そこには、ある種の偏った立場《パルティ・プリ》のようなものがあります。逆説と言ってもよいでしょう。私なりの偏った立場であることは事実ですが、それは主体の立場という正統的（オーソドックス）で、強制的な立場を少しばかり転覆するためなのです。というのも、少なくとも普通の場合には、私たちは写真の撮影だけでなく、私たちの行動や認識を支配し、それらの場所や母型（マトリックス）を提供しているのは主体であり、モノは認識されるのを待って、受動的な位置に置かれているという仮説を立てて生きています。しかし、じつはそうではありません。出現と消滅のゲームは主体にもモノ＝客体にも共通したゲームであって、二人のパートナーは一種の決闘状態にあるのです。

たしかに、私が再考したかった、いやむしろ創造したかったのは〈主

＊1　本質が実存に先立つとする思想（実存主義の対極）。

体とモノ＝客体の〕このような関係ですが、すべては仮説にすぎないので、ある種のゲームの方法のようなものです。けれども、〔決闘では〕パートナーがある意味で同等の武器を備えていて、モノ＝客体が沈黙と不動性と無関心の戦略を取ることが可能であり、この戦略が主体の戦略とほぼ同じである場合に、ゲームはいっそう巧みに進行するだろうと思われます。そして、主体の戦略はあらゆる意味で広く攻略されているので、今日ではその威信がひどく失われてしまったと言わなくてはなりません。おそらく、モノ＝客体の側で何が起こっているのか見に行くこともできるでしょうが、状況の支配者として、〔モノを主体の〕対極に位置づけるつもりになってはいけません。モノが私たちのことを考えていると私が言う時、モノはもはや状況の支配者ではないのです。それはただ単に、考えるということ〔思想〕が、他の多くのことがらと同じように、決闘的〔二者対立的〕な思想であって、単独の形態ではないということになります。そして、この時、皆さんが二つの極、つまり両極性を設定したいなら、思考される側〔思考の対象〕が思考する側と同等の価値、逆転可能な価値を持つことはもちろんです……。モノとモノの戦略への情熱について語るとしたら、私はある種の意志や願望についてではなくて——それは別の心理学的カテゴリーの問題です——、その場に出現することと消滅することを同時に望むものは何かについて思考する情熱の、かなり熱烈な支持者なのです。

主体の側に関しても、同じことを想定する必要があります。主体は世界を支配すること、そこに出現することへの意志だけを持っているわけではありません。主体の背後には、少なくとも近代になってから分析された限りでは、消滅への意志も存在しており、消滅への情熱はとても積極的で、とても強烈で、とても創造的な情熱なのです。ところで、モノ＝客体はいわば主体の消滅の地平線ですが、写真の単なる被写体というわけではなくて、究極的にはもっと広範な意味で、モノ＝被写体について語ることができます。この点では、写真はある種の光線が差し込む入射点にすぎないのです。しかし、もしこの状態に大いなる賭けが存在するとすれば、それはモノ＝被写体が発見されたり、支配されたりするのを待ってそこにいるわけではないという考え方になるでしょう……。モノや世界といっても、別の誰かや、可能な限りまったく別の他者性や、人間存在自身の可能性を、私は排除するわけではありません……。純粋な出来事が起こるためには、ただ単に一定の時点で、主体による表象の次元に存在するものとは別の何かが出現する必要があります。

ところで、こうしたことのすべてを、私の写真の一枚が真の意味で説明できるというわけではありません。写真がミニチュアサイズの小さなモノと同じように、私が〔テクストで〕可能だったかもしれない分析を少しばかり拡張していることを、私はたしかに意識しています。しかし、分析の例証（イラストレーション）としてそれらの写真を提出しようとは思いません。テクストとイメージ、文章を書くことと写真を撮影することとは、極限状態では、たがいに何の関係もないのです。テクストを例証する写真も、写真を説明するテクストも、じつは存在しないのです。これは、もちろん私の見解ですが、私は写真について話さないつもりだったのが、こうして話し始めているのですから、結局は逆説的な話になりましたね。

質問者：
写真という行為と、少し緩やかで自由な書き方の文章との間に関係はありませんか？

ジャン・ボードリヤール：
たしかにその通りですね。私にとって、〔写真と文章は〕旅との間にとても強い関係があります。旅は大陸をいくつも通過する脱領土化や、その断片のようなものなので、つまり、旅のイメージでもある断片的な文章と写真との関係です。写真と旅と文章は三つ一緒になってうまく機能していますが、一方が他方と同じようなものだという意味での関係ではなくて、それぞれが別の言語でそれぞれを表現したり、例証したりしているという意味です。私が撮影した写真には、それしかありません。私は一定の時点に一定の場所でそれらの写真を取った、それだけのことです。私はテクストに別途書かれていたことを写真で表現するつもりなど、まったくなかったのです。

質問者：

私は〔写真による〕例証の関係というより、多分もっと魔術的《マジック》な関係について考えていたのですが……

ジャン・ボードリヤール：

形態の関係性……多分魔術的な……それはありえるでしょう……

質問者：

というのも、あなたは魔術や幻想についてたくさん語っているので。

……

ジャン・ボードリヤール：
幻想《イリュージョン》についてはそうですが、魔術《マジー》については、あまり語っていません。それほどはね……私にとって、二つは同じものではありません。たしかに幻想には、何かを危険な賭け＝ゲームに向わせるという面があり、まさに語意の通りです[*1]。さらに、私の場合には、実際、ラディカルな世界観が存在します。それは、世界は決定的な現実ではないから、ある意味でそれ自体が幻想なのだということですが、この幻想はひとつの潜在力であり、〔西洋以外の〕あらゆる文化は幻想によって幻想を管理する方向をたどりました。私たち〔西洋文化〕だけが、真実《ヴェリテ》によって幻想を管理し、真実によって幻想を縮小することを望んだのです。そんなことをしたのは私たちの西洋文化だけですが、私はこの場でそれ以外の諸文化に改めて再会するつもりはありません。幻想の戦略あるいは消滅の戦略の思想が私を魅了します。それは事実であり、この思想を言葉、イメージ、出来事その他多くのことがらのうちに再発見しようと試みることが可能です。けれども、それはそうしたことがらを語の定義や意味合いに関して関連づけることではありません。また、今日では、芸術や建築に

＊1 「幻想」の原義は「偽りの外観を通じて生じる認識の錯誤」（ロベール辞典）。

関する、同じように危険な傾向に抵抗する必要があります。この種の傾向は、具体的なイメージや建造物や正体不明のことがらから免れている純粋な出来事を、言説やメタ言語[*2]やメタ言説にどっぷりと浸して溺れさせようとする、じつに曖昧な解説を伴うことがありえるのですが、そうした傾向は時の流れにとってまったく無用な神秘主義（グノーシス）のようなものにすぎません。

質問者：
でも、あなた自身も写真について書いていますね。

ジャン・ボードリヤール：
結局、私も写真について書くようになりましたが、私の考えでは、それは役に立たないことです。私は自分の写真について何か書くよう依頼されたことがあります。ところが実際、当初は写真について語ったり、何かを書いたりすることがひどく苦手でした……。私はこの種の次元を少しばかり秘密で、少しばかり偶然的で、秘儀参入《イニシエーション》的なままで残しておきたかったのです。その後も問題となるジレンマは、明らかにそこにあります。「なぜ自分の撮影した写真を展示するのですか?」と聞かれて

*2 言語に関する言語（ヤコブソン）。

も、私には答えようがないのです……。最終的には、それらの写真を展示しましたが、あらゆる誤解が生じる可能性は覚悟のうえでした……

ある時点で、事物が公共的領域（パブリック・ドメイン）、つまり事物が〔閉鎖的環境にとどまる場合を除けば〕人びとに共有される領域に移行するようになった場合には、写真を自分のためだけに撮影して、人目につかないようにするのは馬鹿げたことでもあります……。ある時点で、それは共有されて、必然的に言説を通過することになります。写真はイメージとして通用しますが、もはや事物と同じ次元のイメージとは明らかに異なるので、写真は公共的イメージ、つまり、すでに事物のメディア的例証であるようなイメージの領域に移行します。そこで、本来の意味でのイメージとは何かについて激論を交わすこともありえるでしょう。映画よりいっそう盛んに、現代の写真は、動画の対立項として非常に強烈で、非常に特異な価値を取り戻しているのです。とりわけ、あらゆるメディア的イメージの場合がそうですが、私の考えでは、テレビに映るイメージは、厳密な意味でのイメージ[*1]ではありません。それはヴィジュアル[*2]に属しており、〔写真のイメージとは〕別のものです。皆さんが次々につながるイメージの無制限の連鎖を手に入れた時、それはもはや本来のイメージではありません。つまり、もはや場所を持つイメージではな

＊1　感知可能なモノの視覚像。
＊2　視覚を刺激する映像・画像の領域。

く、そこにはもうイメージがイメージとしての力を受け取る時間はありません。想像力のための時間は、もう存在しません。視線が存在し、その結果、判断の可能性と、それと同時に快楽の可能性が存在する状況を生み出すあの最小限の距離も、もはや存在しないのです。これではもう、それはイメージではありません。私たちが本当に厳密であろうとするなら、テレビのイメージはイメージではないのです。といっても、すべてのイメージがそうだというわけではなく、一般化することはできませんが……。真の意味でのイメージとは何かを再定義する必要があるでしょうが、非常に厳密な態度を取るなら、私たちが現在関わっている膨大な数のイメージは、たとえ捨て去る必要はないとしても、別の何かであり、別の領域なのです。

質問者：
あなたはこれまでに、ちょうどテレビに映っていたイメージをその場で撮影したことがありますか？

ジャン・ボードリヤール：
いいえ。

質問者：

なぜですか？

ジャン・ボードリヤール：

なぜって？

質問者：

一度も思いつかなかったのですか？

ジャン・ボードリヤール：

そう、やってみてもいいかもしれない。構いませんよ。

質問者：

映像自体の写真というイメージですね……

ジャン・ボードリヤール：

それも可能かもしれません……。その場合に本質的なことは、あの空虚を浮き立たせること、つまり、何かの周囲に空虚を作り出し、空虚を割り込ませて中断状態を出現させ、流れを中断してイメージを停止させることだと言えるでしょう。それは、ただ単にイメージを停止するだけでなくて、世界を停止させることになるでしょう。したがって、それは現実の流れの中には存在しない非現実的な状況なのです。そこでは、すでに述べたように、どんなモノでも〔被写体として〕有効であり、イメージとしての特性を奪われたその他のイメージでさえ、この意味では想像上のモノ（被写体）に立ち戻ることが可能になります。だから、〔テレビ画面の写真でも〕構いませんよ。私は実行したことは一度もありませんが……。

質問者：　では、それはストゥディウムに対するプンクトゥムのようなものですか？

ジャン・ボードリヤール：　そう、バルトのストゥディウムに対するプンクトゥムのようなものでしょう。プンクトゥムはイメージの細部の絶対的特異性であり、写真撮影の時点での〔対象との〕あの融合状態、あの突然現れる胸を突くようなにかであって、バルトがストゥディウムに対置している……あのプンクトゥムです。ストゥディウムのほうは別の何か、前後関係、写真の目的性、メディアを通じた拡散等々を意味しています。しかし、ある種の段階では、現在流通している大量のイメージ、とくにヴァーチャルなイメージ、合成されたイメージの中には、もはやプンクトゥムは存在しないし、ストゥディウムさえも、もはや存在しません。私たちは純粋で単純なメディウム[*1]の中に入り込んでしまったのです。[*2]

質問者：イメージとの関係で、あなたはロマンティックなカテゴリーに自分を位置づけていますか？というのも、あなたは存在しない現実や、世界との関係で無意味に帰着するような現実の断片について語っていますね……先ほど、あなたの話を聴きながら、ヴィム・ヴェンダースの映画の主人公のことを思い出していました（『都会のアリス』（一九七三）参照）。彼は、最初はテレビを壊し、その後はカメラで写真を撮り続けて、自分でもわからない何かを探して彼の時間のすべてを費やしているのです。

*1　媒体（メディアの単数形）

*2　「ストゥディウム(studium)は《愛するto love》ではなくて《好きだto like》の次元に属しており、半分だけの欲望、半分だけの願望を動員する。それは人びとや光景や衣服や書物について、それらを気に入った時に私たちが抱く、漠然として起伏のない無責任な関心のようなものである。」「ストゥディウムを混乱させることになる第二の要素を私はプンクトゥム（punctum）と呼ぶことにする。」というの

ジャン・ボードリヤール：私は何かを探しているわけではありませんよ！　写真についての私の発言を、「何かに逆らう」ことが私たちを取り囲むものごとの「破壊者」になるという方向で考えるべきではありません。それは、あのあまりにも人間的な現実に「取って代わる」という意味のロマンティシズムではないのです。私は失われたモノを探し求めているのではないので、文章より写真のほうが適しています。文章はさまざまなやり方で、つねに失われた何かを探し求めているのですから……ところが、イメージの中ではそうではありません。そこに出現するのは世界であり、世界は、メランコリーやロマンティシズムに浸ろうとして主体にあまり多くの時間を残しておくようなことはできないのです。それに、私の実感では、世界は少しもロマンティックではありません。「ロマンティック」は私を唖然とさせる言葉です。もし仮に、現実原則の否定がロマンティックであるとしたら、その場合には、あなたが望むなら、私は根底からロマンティックであることになりかねません！　でも、それが有効な定義だとは思えませんね……

その反対に、現実《レアリテ》の否定は客観性の問題であると、私は見ています。それはモノの段階であり、ほとんど客観的（オブジェ的）な段階なのです。

も、プンクトゥムとは刺し傷、小さな孔、小さな斑点、小さな切り傷であり、さらに骰子（サイコロ）の一振りでもあって、ある写真のプンクトゥムとはそこで私を突き刺す（そのうえ私にあざをつけ、強くしめつけることもある）あの偶然のことなのだ。」バルト『明るい部屋』第一－一〇節（原書 p.50/49 塚原訳、みすず書房版花輪光訳では p.40/39）

モノ自体が現実的であることはできず、現実原則を創り出すのは主体のほうであり、主体が現実を表象する座標系を創り出し、そのことを通じて、世界を支配するか、支配するようにみせかけるのです。しかし、客観性というよりはむしろ、客体の対象性（オブジェクタル性）がたぶん別の側に位置しています。そしておそらく、今日では別の側からより多くを学ぶことができるのです。ラディカルな主体性がロマンティックであるというのは、主体の側の問題であり、この意味で、私は主体がロマンティックであるという点には、かなり賛成できます。いずれにせよ、それはモノ＝客体の側に立つこととは別の問題ですが、もう一度繰り返すなら、それはある種のゲーム（賭け）、ある種の仮説、ある種の偏った立場であり、真実に関する言説とみなされてはなりません。

ところが実際には、真実《ヴェリテ》に関する言説はどこにも存在しません。というより、それはこの世界に真実が存在しないことを確認する言説なのですが、この時点から、すべてのゲームが可能になるのです。そこにはただ単にゲームの規則が存在するだけなので、ゲームの規則を発見する必要がありますが、もちろん、発見した人は誰もいません。ただ単に、さまざまな機会とさまざまな出来事があるだけです……。私たちは秘密のゲームの規則を本当に知らなくてもゲームに参加できますが、ごく稀なこの種の合流点では、何かが現れると同時に消滅することになります。そこに美学が存在するとすれば、それは出現と消滅の美学であって、生産（制作）の美学でも、コミュニケーションの美学でも、つまり現実そのものである美学、別の言い方をすれば、生産と、もちろん破壊の領域である現実の美学でもありません。この領域に対立するのが、出現と消滅という別の領域であるように、私には思えるのです。

質問者：

現代アートとの関係に限らず、その他の領域でも、あなたが無価値・無内容（ニュル）や無や空虚について語る場合、あなたはこうした概念をどのような機会に介入させているのですか？

ジャン・ボードリヤール：

待ってくださいよ！　あなたの質問には、例のストーリー[*1]について誤解がありますが、この点には立ち戻らないことにしましょう。それでも、「無価値・無内容（ニュル）」という言葉についてだけ触れておけば、私はこの表現を用いてこう述べたのです――「無価値・無内容は、本当に無価値・無内容なもの、つまり現実としては無駄で無意味であり、役に

＊1　ボードリヤールが『芸術の陰謀』で「現代アートは無価値・無内容（ニュル）だ」と喝破したこと。

立つ機能を持たないものについて、あるいはむしろ、同じプロセスの常軌を逸した反復について、それを誹謗中傷するために使うには、気取りすぎた表現だ」。これが「無意味・無内容」の真意です。

ところが、無価値・無内容や空虚（ヴィッド）や無（ネアン）などは、まさに現実から意味や意義のあらゆる重荷を剥ぎ取ることになります。この種の重荷は、言説と言葉（パロール）と記号の重荷、つまりあらゆる情報とコミュニケーションの重荷でもあり、私たちを圧しつぶすのです。意味のゼロ地点に到着すれば、そこからそれら〔無価値・無内容や空虚や無など〕が現れ始め、ゲームが可能になり始めるでしょう。したがって、「無価値・無内容」とは少しも否定的なものではなく、私はこの語を否定的な意味ではまったく使っていないのです。もっとも、アーティストたちによってパロディ化され、誤用されたり、世間で無価値・無内容や無意味等々が利用されたりする場合は別ですが。そんな場合には表現が気取った性質を帯びるので、別の事態がそこから生じたりするかもしれません。いずれにしても、この点には、もう戻らないことにしましょう。

質問者：

今の話は、誰のことを念頭に置いていたのですか？

ジャン・ボードリヤール：

いや、いや、私にアーティストの名前を尋ねたりしないで下さい。それは駄目です。

質問者：

もちろん、名前は駄目ですね。でも……やはり謎は残ります……。

ジャン・ボードリヤール：

そうですね。ギャラリーや書物など、いたるところに見られる〔現代アートの〕膨大な数のイメージに、私はある種の反応を抱いたのですが、それは誰のものと名指しで評価したり、しなかったりするようなものではなくて、ある時点での生理的反応だったのです。気分の動きのようなもので、そこでは芸術論は関係がなく、とりわけ、現代アートの評価を落とすために近代以前の、あるいは近代前期の芸術を懐かしんだわけでもありません。明らかに、それもまた、恣意的な解釈であり、何というか……おそらく有毒な解釈だったことになります。私以前にも、芸術の名において現代芸術を攻撃した人たちがいましたが、私の場合とはまったく異なります。私が現代アートに異議を唱えたのは、現代アートが、消費社会やヴァーチャルな技術の段階のさまざまな製品やモノの周囲に今日存在可能な無限の組み合わせによく似たものになったという意味であり、アートの世界全体は、ただ単に技術による解決という安易な解決を利用しているだけなのです。現在では、あらゆる可能性が開かれていて、アーティストたちはあらゆる形態、あらゆる技術的手段を自由に用いることができます……。限りなくアドリブ的な利用法ですが、私には、たしかに無価値・無内容（ニュル）に思えます……。

では、そのことを通じてある種の特異性を再発見する手段が存在するかといえば、それもありえるでしょう……芸術の中でさえも。排除されていることなど、何もないのですから……。でも、彼らの名前を出すわけにはいきません。

質問者：今の回答は『芸術の陰謀』に戻るための迂回的なやり方ではなかったとしても、私には重要な問題だと思われます……。

ジャン・ボードリヤール：

もちろん、そうですね。けれども、それは写真と――といっても、どんな写真でも構わないわけではなくて、私の写真についてはこれ以上語らないことにしましょう――対決するのと少しばかり同じような逆説になります。ラディカルなタイプのイメージ、ただ単に変化するだけのイメージではないようなタイプのイメージと対決するのです。その場合には、ニーチェのからくりを導入する必要があるでしょう。現在では、誰もが変化して、ありとあらゆる自己証明〔アイデンティティ〕を受け取り、多様な可能性の拡張に賭けることができます……。それは次々に変わり続けますが、何かになるわけではなく、何にもならないのです。重要なのは生成であり、変化ではありません。こうした〔メディア的な〕あらゆるイメージは変化の次元に属していますが、生成の次元に属するような何らかのイメージを見つけることができるでしょうか？……この問題を皆さんに解説することはできませんが、〔変化と生成の〕対立は実感できます。この対立は見た目の変化と混ざりあうことのない特異性に結びついているのです。今日の芸術の場合にも、たしかにその通りです。

つまり、すべて、あるいはほとんどすべてが、いずれにせよ初歩的な段階ではたがいに置き換え可能になっていますが、別のやり方で組み合わせることも可能だと、私は言いたいのです。そうしたことのすべては、同一的な複数性（倍数性）の組み合わせに属していますが、この種の減速装置の働きは、[*1]運命や生成の次元のものではありません。対立は受け入れられるか、受け入れられないかだけであり、創造力の内部のプロセス全体を巻き込むわけではないのです。この動きはアーティストや写真家や他の誰か、あるいはテレビ番組制作者の場合に起こることであり、それを実行に移す機会は、それぞれ異なるやり方に委ねられていますが、まったく一時的なものです。とはいえ、どんな場合でも、誰かが何かを作る機会に何が起こるのかについて、私は予断を下すつもりはありません。そのような機会に、その人が思いついたり、信じたりしたことに、誰が異を唱えられるでしょうか？　それは誰にもできないことです。私もそんなことをするつもりはありません。

ただ単に、そこには決闘的な形態があって、誰かが反対側にいるのですが、この誰かはゲーム（賭け）に参加できる必要があります。私自身は、この種の仕掛けでゲームをすることができず、こうした二重の形態で決闘が可能だとは思えません。そこで、もはやゲームをできなくなった時点から……そんなことには、もう大して興味がなくなってしまうのです。

*1　同一物が倍数的に増加することで、かえって多様性が失われる状況。

質問者：

私は最近、あなたと同じ疑問を抱いていることをあなたに伝える機会があったので、あなたの思想の内側に入ったつもりで、次の質問をしたいと思います。ボードリヤールさんは自分の作品〔写真〕に関して、美的意図から逃れることを企てていたと、はっきり述べているように思います。また、別のところでは、あなたは記号と意味作用と概念の展開と膨張（インフレーション）に対して、厳格に批判的でもあります。ところが先ほど、あなたは生産（製作）の側ではなくて、出現と消滅の側に位置していると述べています。私としては、芸術を生産の側に位置づけ、（作品の）鑑賞や美学を出現／消滅の側に位置づけているのですが……それでは、第三の道は存在するのでしょうか？　そして、出現／消滅の視点だけから生まれる生産（製作）の外部に移行するなら、あなたはどうやって美的意図から逃れることができるのでしょうか？　あなたは写真を製作する時、すでにアプリオリに美的判断の立場に移行してしまったのではないでしょうか？……私が充分に理解しているかどうか、わからないのですが……。

ジャン・ボードリヤール：

そう、とてもよく理解していますよ。でも、私はあなたの今の質問を自分に提起したことがあるとは言っていません。私がたいへんよく聞かれるのは、まさに次のような意味の問いかけです。「あなたはたしかに美的なものの枠内にいるのでしょう？　だったら、そのことを認めなさい！」……もちろん、認めたいと思っています。皆さんは私に言います。「あなたの写真は美しい。」いいでしょう、でも私の写真が美しいとは残念なことです！　この種の論法を受け入れるなら、そこから逃れられなくなるでしょう。それは明らかです。

あなたが何かを〔相手に〕見せる時点から、その行為は何かを創作するのではなくて、〔作品を〕見せること、〔その存在を〕信じ込ませること、価値を付与することになります。この虚構の中に、この行為の中に入り込む時点から、あなたは〔作品に対して〕何もできなくなり、美的なものの領域に入っていくのです。私の場合、美的なものに関して、私は完全に異質な態度を取っています。美的なものは、今では私にとって、至高で超越的なカテゴリーではまったくありません。現在、それはたしかにひとつの文化であり、あらゆるものが全面的に美的存在になっています。美的なものは、じつは記号のシステム、モノのシステムなのです。

そして、まさにイメージの場合、イメージ〔写真、映像等〕は三次元の現実との関係で幻想的な何か、つまり二次元のイメージになりますが、それは人間学的《アントロポロジック》革命であるだけではなくて、ほとんど存在論的《オントロジック》革命なのです。

イメージには野蛮〔ソヴァージュ＝ワイルド〕な力、ある種の原光景があり、それは少しも美的ではありません。これまでに無数のイメージが捏造されていますが、それらは美的なもの＝美学《エステティック》とは無関係に、誰かが作ったものなのです。私としては、美的なものの外部で創作することがまだ可能であることを望んでいますが、同じように、モラルや哲学の外部、あるいは価値判断の基準に関するあらゆる重要な学問分野の外部で創作することの可能性を、私は信じています。美学はそれらの分野のひとつですが、美学の黄金時代は過去のものになったとはいえ、美学の価値を下落させることは問題ではありません。現在、美学は〔「美的なもの」として〕いたるところで物質化され、〔美的〕認識の零度になっているのです。今では、私たちの〔現代〕文化全体を通じて、私たちの認識は自動的に「美的なもの」になり、私たちは〔環境の〕全面的な「美的なもの」化の段階に入りました。じつは私にとって、それはある種の価値の下落を意味しますが、そこにはイメージの野蛮な出現の形態を再発見する可能性が存在すると、私は思っています。イメージとは、最初はイメージを持たなかった現実の中に野蛮なかたちで出現するものなのです。「美的なもの」の手前または彼方にこのような状況を再発見することが重要です。手前か彼方か、私にはわかりませんが、それはたしかに存在しています。

質問者：
二〇世紀には、とくにフランスの場合、美学的批評や哲学の分野でこの種の領域の、つまりプリミティヴィスムに結びついた美学的考察が展開されました。プリミティヴィスムとアヴァンギャルドの間の、あるいはこの種の領域の諸要素の間の往復運動のようなものですが。あなたはある時期にプリミティヴィスムについて発言していますね。

ジャン・ボードリヤール：
いや、プリミティヴィスムについて述べたことはありませんよ……。あなたがどこで見つけたのかわかりませんが、アルカイスム〔擬古主義〕についても、プリミティヴィスム[*1]〔西洋以外の〕その他の文化の中で再発見することが私の課題なのではありません。私はそうした

*1 近代化以前の原始状態の芸術やその模倣。

文化のことを言っているわけではないのです。人間学的な意味では、諸文化の働きを観察することが可能でしょうが……。

質問者：

プリミティヴな形態の働きということですか……あなたにどう質問したらいいか、わかりませんが……

ジャン・ボードリヤール：

どんな考えも、もくろみも、前後関係もなしに、一枚の写真を撮影したからといって、それはプリミティヴな形態ではありません。現代文化のあらゆる表象システムによってメディア化されている世界とは別の世界と関係を持つために、なぜ私たちがプリミティヴになる必要があるのでしょうか？　ありのままの事物、あるいは外部のものでない事物と関係を持ち、事物の不在と、その出現だけでなく消滅と関係を持つことは、失われたモノ（対象）をロマンティックに夢見ることではまったくなくて、ある時点で私たちに要請されることなのです。それはプリミティヴィスムの問題ではありません。プリミティヴィスムという用語には、すでにある種の価値判断が含まれているので、私は絶対に使いません。たしかに、一九六〇年代から一九七〇年代の昔の著作では「原始的」(primitifs) という表現を用いることも可能でしたが……。とはいえ、この問題からは別のことを再発見できるでしょう、もはや主体的ではないような状況のラディカルな性格など……。

質問者：

たしかに、あなたはツーリストとしての写真にたどりつきましたね。そこで、あの言葉を使った……。

ジャン・ボードリヤール：

私はツーリストではありませんよ。

質問者：

ツーリストではないのですか？

ジャン・ボードリヤール：

もちろん、ちがいます。プロの写真家かツーリストか、アマチュアかアーティストか、そんなことにこだわらざるを得ないのは、滑稽なことです。

質問者：あなたがツーリストではないとしても、あなたは未知の体験とは違って、すでに組織された旅行に出かけています。そこでは、写真はそれなりに思想として実践され、現代アートに利用されています。あなたが魔術の思想や客観性思想について述べたことを聞いて、それが、あなたが現在到達した状態の写真の世界とどのような関係にあるのか、少しわからなくなりました……。モノとの関係で私が知りたいのは、新即物性[*1]のような方法について、あなたはどう考えているか、主体からあらゆる主体性を除去して、モノにあらゆる力を再び与えようとしたドイツの流派との関係で、あなたは自分をどのように位置づけているか、ということです。あなたの場合、あなたの写真を見ていると、逆に、あなたは構図や場面の選択などを通じてモノと出会っているように感じられます……。つまり、あなたもやはり方法を持っているわけで、それは美学化や現状の乗り越えではないにしても、モノへの接近にはやはりある種の選択が存在していて、そのことから、あなたが、モノに語らせようとする新即物派の現代的位置づけとはまったく異なっているように思えるのです。

*1　一九一〇年代ドイツのノイエ・ザッハリッヒカイト。

ジャン・ボードリヤール：

そうですね。写真の歴史に関して、私は美学的な立場を取っているわけではありません。写真の世界で起こっていることについて、私は誰もが知っている程度に少し知っているくらいで、写真に関する教養を身につけているわけではありません。それは私の関心事ではなかったのです。だから、自分の関心事以外について、私はあなたに何も言うことはできません。写真といっても、好きなこともあれば好きでないこともあるのは、皆さんと同じです。でも、それは理論の場合でも同じで、思想史に関わることにも、あまり関心は持てませんでした。私はあえて意図的に——といっても、それは不可能であり、〔知の〕向う側に移行することはできないのですが、それでも「意図的に」——参照項目を、それもあらゆる参照項目を、論文から減らそうと試みたほどです。それは、写真の場合でも同じことです。そして写真の世界では（私は明らかに身体もろともそこに入り込んでいますが）、イメージのほうが動きを止めているとしても、写真自体は都市の中を歩き回り、旅から旅へと移動することから作り出されます。だから、私はある意味で、たしかに身体的《フィジック》に写真に入り込んでいますが、形而上学的《メタフィジック》な意味でもそうなのです。なぜなら、モノがある種のやり方で私につきまとい、憑依状態《オブセッション》が生じているからです。

初めのうちは目の前のいくつかのモノだったのですが、今ではある意味でモノ自体というか、モノの潜在力につきまとわれている感じです。その場合、おそらく皆さんは、モノの写真がひとりでに〔意識せずに〕出来上がることを私が望んでいたと言いたいかもしれません。

もちろん私たちは、ウォーホルのように機械になること——といっても、誰もがウォーホルのように機械になるチャンスがあるわけではありません——、究極的には写真がひとりでに創造されることを、いずれにしても、それらの写真もまたモノとして存在するようになる状況を、夢見ることができます。このような写真はイメージではありますが、「イメージとしてのモノ」なのです。同じように、私はある種の「思想としてのモノ」、「出来事としてのモノ」を見つけることを試みています。あるモノを撮影して、それが出来事になるためには、写真自体がモノになる必要があります。目を閉じて、まさに写真という技術を通じて、あなたが自分をモノにする必要があるのです。その場合重要なのは、あまり語られていないことですが、技術〔テクニック〕の存在です。技術性[*1]〔テクニシテ〕があり、テクノロジーがあります。一般的には人間を疎外し、脱人格化すると思われているテクノロジーですが——テクノロジーによって実行され、つねにテクノロジーのせいにされるプロセス全体がそ

*1　技術のロゴス〔言語・原理〕。

う思われています——、テクノロジーのおかげで、その反対に、技術を通じて、つまりあなたがコントロールできない何か、あなたがまったく責任を持てない何かを通じて、あなたをモノの位置（この場合はモノの戦略的位置）に置くことになる逆転の可能性が存在しているのです……。あなたがあるモノを撮影したかったら、自分をモノ〔客体〕にしなくてはなりません。主体であることを停止する必要があるのです。それは一瞬の出来事であり、世界の美的な秩序とは無関係な、野蛮な状況なのです。

　思想についても、同じことが言えます。長くなりすぎるので、ここでは展開できませんが、皆さんが状況を理解できるよう試みてみましょう。といっても「魔術《マジー》」は問題ではありません。この言葉は「美的なもの《エステティック》（美学）」と同じくらい私をひどく困らせてしまいます。もっとも、この種の話になると、すべての言葉、そしてもちろんすべての言説が私を困惑させます。たしかに魔術とは、宗教的その他の迷信の意味に受け取らない場合には、もろもろの象徴的形態を支配することなのです。文化にとって、魔術とは存在するもの、植物、鉱物、人間、神々等々をたがいに変身させる方法であり、まさに幻想的な豊かさを持つ循環（サイクル）ですが、この豊かさは少しも美学的なものではありません。それは無限の豊かさを秘めた外観を循環させる周期（サイクル）ですが、私たち〔西洋〕の行動様式ではありません。私たちの行動様式は、モノとしての価値を持つモノを個別的に生産することであり、それらのモノに対して、私たちは主体として行動するのです。魔術の場合は客体＝モノと主体の区別以前であり、この（未分化な）「以前」が魔術には残っていますが、失われた客体＝モノとしてではありません。プリミティヴな社会に関する分析を山積みすることは、いつでも可能だと思いますが、それは同じ問題を再発見することになるでしょう。挑戦と可逆性と変身という問題です。今日私たちは、そうしたことすべてと対立し、それらを絶滅させるシステムの中で生きているのです。でも、そのような諸形態は破壊し尽くせないので、それらを再発見する可能性が存在すると私は思っています。それはおそらく、多くのことがらを通じて可能でしょうが、そこには文章の記述やその他の事象、多分写真というあのミニマルな事象も含まれます。というわけで、私たちが人間を疎外するものとみなしている技術の通常の意味合いを、いわばひっくり返すための手段自体を発見しなくてはなりません。主体としての主体にとって、技術は客観化と疎外化をもたらしますが、主体でも客体＝モノでもない立場に身を置いてみれば、そこであなたは改めて技術に別の意味合いを与えることになるでしょう。

質問者：

こんな質問をお許しください。先ほどあなたは、現代アートについて述べたことに立ち戻るつもりはないと言いましたが、たった今、あなたが自分の写真について「それは状況の詩的転移である」と述べていたことを思い出してほしいのです。このとても美しいフレーズを、あなたは自分の写真との沈黙のコミュニケーションに関して用いたわけです。それに対して、現代アート全体について、その無意味さを語りながらあなたが使った言葉のほう[*1]は少し厳しかったと思います。その上で、つい先ほどあなたが自分の写真について少し優しいフレーズで話したのを聴いていて、私はこう呟きました。「やれやれ、この人は急に老け込んだのかな？」乱暴な言葉をお許しください。でも自分の写真についてあなたが示したあの優しさ、あの好意、ほとんど鎮静剤のようなあのコメントはどうでしょうか……。もし会場に現代画家がいて、あなたにこう言ったとしたら？——「ボードリヤールさん、あなたは以前無意味さによって私を抹殺したのですが、今晩、私がシャトー・ドー[*2]に行って、皆の前で《結局、有名な知識人のボードリヤールさんの写真は無価値・無内容（ニュル）で、無意味だね》と言ったとしたらどう思いますか？」このことを言わせてもらったうえで、あなたが先ほど語ったことに戻りま

*1「無価値・無内容」（ニュル）

*2 講演開催時のボードリヤール写真展ギャラリー。

す。あなたは何の努力もしていない、少なくとも美学的配慮はしていないと言いますが、あなたの写真を見れば、それらが見事に構成されていて、あなたのカメラの使い方はたしかに「ツーリスト」写真ではないことがわかります。でも、私が少し悲しく思うのは、とくに次のような質問をしなくてはならないことです。ボードリヤールさんは現代アートについて深く考えているので、あなたが現代アートの無意味さを語ったことは完全に正しいでしょう。しかし同時に、あなたが自分の写真に関して取っている立場は、ちょっと……。

ジャン・ボードリヤール：

感情的な言葉だと意味がよく伝わりませんね。私が言いたかったのは、あの〔ボードリヤール自身の〕写真には芸術的で美的な意図は存在しないということです。私が構図やそうしたことのすべてを計算しているというのは正しくありません。私は何も計算しないのです。だからといって、私は自分を免罪したり、あるいは論争に加わったりすることをまったく望んでいません。私は穏やかな人間なので、その点で問題はありません。私があの論考[*3]を書いた時、私はある意味で役に立つことをしたつもりでしたが、あまりよく理解されませんでした。というわけで、私の写真が

*3 『リベラシオン』紙掲載の「芸術の陰謀」（一九九六年）。

パリのＦＮＡＣ[*1]で展示された時、来場者の芳名録が残念ながら正体不明の好事家に盗まれてしまったのですが、そこには「あなたの写真は無価値・無内容（ニュル）だ、あんな写真なら私は毎日たくさん撮っているが、すぐに捨ててしまう……」といった感想がびっしり書き込まれていました。あなたもおわかりのように、私はそれらを読んで、かえって嬉しくなりました。実際、文章に対してなら、私は同じ反応をしないでしょうが、文章を本気で犠牲にすることには抵抗があったからだと思います。あの時点で、私が望んだのはそうしたことでした。けれどもその反対に、文章を書くのを止めることも、私には可能だったでしょう。生産の次元に入り込んでいなければ、いつでもあらゆることを止められるのです。あの時の写真が本当に何の価値もないものだと証明できたとしても——私にも、誰にも証明はできませんが——、結果は、私にとってまったく同じことです。

写真の時間、あの決闘的で瞬間的な時間を再発見することに固有の悦びは、写真の世界にとってやはり本質的なものですが、その結果としての作品自体は社会の集合的評価の次元に属しているので、いつでも破棄することができます。私が現代アートを評価する権利を自分に与えたように、私は誰にでも私の写真を評価する権利を委ねるのです。そうしな

*1　ギャラリーを兼ねる大型書店。

ければ、つじつまが合わないでしょう。私には〔私の写真に対する〕反論が何なのかが見えてこないし、私の写真に関して、それらに対して、特別に寛容なわけでもありませんが、写真を撮ったことには満足しています。なぜ満足しないことができるのか、私にはわかりません。あなたが私の写真を初めて見た時でさえ、私はそれらを見せることができて悦びを感じています。なぜなら、あなたが見た写真は、あなたが今後けっして見ることのないモノだからです。それこそが、出現の次元、出現の幸運な次元であり、それは無意味さの幸運な次元だと言ってもよいでしょう。もちろん、それらの写真は、美しかったり、それほど美しくなかったり、または多少は美しかったとしても、美学的な意味では「無意味」なものです。それでは、写真を撮ってから、いったい何ができるでしょうか？「この写真は良いが、あの写真は駄目〔ニュル〕だ」などと言うのでしょうか？　こんな調子では、それ以上先には進めません。というのも、その場合、他のあらゆる写真を消去するのが理想の写真だということになるからです。まさに完璧な写真というわけで、そのあとでは、他の写真を撮影する理由がなくなってしまいます。それこそは美学的次元の頂点ですが、私には関係ありません。それなのに、皆さんは写真が美しいとか、美的だとか私に言うことでしょう……。

写真が、その内容にかかわらず幸運でありえるし、形態も幸運でありえるのは、興味深いことです。言語の場合にもおなじことが言えます。もっとも絶望的なことがらについてさえ、それを語るための文章の形態を見つけられれば、語ることができるし、あなたはそのことを認めないわけにはいかないのです。私が探し求めているのはそのことですが、私の著書に関して、ニヒリスト的だとか絶望的だとか言う人たちがいるのもたしかで、結構なことです。でも彼らは〔私が〕文章や写真を行動に移す場合の形態の中に、それ以外のことを実感できない人たちです。それ以外のこととは、そこに幸運な何かが存在しているということです。そこには幸運な無意味さ（アンシニフィアンス）が存在し、それは非＝意味《ノン・サンス》の世界で、意味を持ちませんが、幸運なかたちでそうなのです。ところが、私たちの世界は非＝意味《ノン・サンス》に属しているだけでなく、そのうえ不幸な世界で、すっかり気の滅入るような世界です。それが唯一の違いなのです。

質問者：
　あなたの講演を聴くことは大きな楽しみではありますが、それでも、それを何と呼ぶにせよ、美的なものに関する質問について、私が正確に表現できるかどうか定かではないことがあります。あなたは砂漠で撮影した写真について、良い出来ではなかったと言いました。ということは、良い出来ではない写真と、そうではない写真との間に違いがあるということですね。あなたにとって、この違いとはどんな性質のものでしょうか？　二番目の質問は、古い話になりますが、つまり、結局あなたの言う意味で、主体の消滅とは何のことでしょうか……。主体は、いわば消え去る途中の「消滅」のように自分で自分を取り消して、主体の内部の何かが、どこかに現れるだろうということでしょうか？　つまり、あなたがたどろうとする放浪の快楽がどのようなものであれ、あなたはあちらからこちらへ、理由を告げずに移動しているように思えます。放浪といっても、言葉で理解して私たちに伝わる惧れのある通常の語意とは異なり、現実の断片化の体験のようなものでしょうが、私にはピンとこなかったので……。結局、何が起こっているのでしょうか？　何が問題なのでしょうか？　しばしば問題になるのは、支配的な表象を無視して、メディア化された表象に対して距離を置いて進むべきだということだと思います。メディア化された表象は、それだけがいつでも唯一の表象であるかのように、他者に対して社会的、個人的、心理学的影響を及ぼしますが、そのことを信じるのは極端に困難であるように、私には思えるのです。私自身まったく混乱していますが、あなたにわかってもらえるように、私はあなたの文章がずっと以前から私に提起しているいくつかの問題を再考しようと努めているのです。

ジャン・ボードリヤール：

今の質問はどのようなことでしょうか？　答えようがありませんね。質問への応答にマニュアルなど存在しないのですが、もしそんなマニュアルを知っていたら、皆さんに隠したりしなかったでしょう。〔討論では〕多くの隠喩《メタファー》を通じて、私たちは大変な回り道を余儀なくされましたが、その意味で写真がメタファーなのかどうか、私にはわかりません。けれども、まさにその意味で、時おり、写真はメタファーになることがあります。あなたが触れた砂漠の写真の話ですが、私は、あの写真が美的評価に関して「良い出来」ではなかったと言ったのではありません。あの写真が砂漠のフォトコピーのようなもので、イメージが砂漠の一部になること、それ自体が砂漠的な形態《フォルム》になることに成功しなかったと言ったのです。あの写真は台詞付きの、おしゃべりなイメージで、どこにでも見つかるイメージです。そういう点では、もちろんある種の区別は存在しています。

相手が何を望まないかを知ることは、少なくとも、今なお基本的な長所ですが、何を望むかを知ることは、今日では不可能です。さて、現在起こっていることは、たしかに相手を排斥するという否定的な行為であり、それは主体による世界の決定の機能とは別の機能なのです。

今の時点で、何が起こっているのかを語ってみましょう……。どのような場合でも、今起こっているのが、おそらく、あれこれの方法で自己の消滅にたどりつくやり方であることに期待しましょう。どのやり方も、おそらく同じように単純であり、そのことは、肯定的な意図を伴わないことがらを通じて実行できるでしょう。私の「作品」という話がありましたが、私は作品を制作しているつもりはありません……。逆に、私は自分が何を厄介払いしたのか、よく知っています。私は規範的な形態、支配的な形態、支配的な思想とは何なのか知っていて、それらをどんなやり方でもなんとかして厄介払いしたいと願っているのです。それが本当に最後に残った決意であり、それ以外のことを何一つ提案するつもりはありません。他の選択肢（アルタナティヴ）は存在しないのですから。選択肢が存在しないことは、おそらく、あのアヴァンギャルド（前衛芸術）のあらゆる歴史の教訓なのですが、ひとつの他者性だけはまだ残っています。私たちはそこで何が起こっているのか知らないとはいえ、他者性はたしかに存在しており、私たちは他者性の一部なのです……。その先は、私の知り得ないことですが……。

質問者：

先ほど提起された質問に戻りたいと思います。講演の初めの方で、あなたは被写体としてのモノ、さらには多様なモノの生（なま）の状態を報告するかもしれないものとして、写真について述べていますが、あなたの講演は結局この見解に反駁することになったので、私は同意を留保したいと思います。あなたの見解では、写真に演出の要素は存在しないことになるでしょうし、いずれにせよ、あなたは演出、さらには演劇化の可能性に結びついた耽美主義《エステシズム》を拒否しています。それでは、絵葉書的写真（ポストカード）はどこで終わって、どこから「写真」（フォトグラフィー）が始まるのでしょうか？　絵葉書の写真は、どのような点で多様なモノの生（なま）の状態を報告していないのでしょうか？

ジャン・ボードリヤール：

そう、もちろん、絵葉書も報告ですよ。この種の写真は、その意味で客観的（モノ的）であり、私たちが生きるシステムを完璧に報告していますが、それはすでにものごとの超メディア化と超ヴィジュアル〔視覚〕化のシステムなのです。絵葉書は、ある意味でモノよりヴィジュアルであり、モノを視覚の操作に送り返します。この点で、絵葉書は饒舌すぎて「過剰」であり、「トゥー・マッチ」なのです……。絵葉書の中には、誰もが認識可能な美的特性があふれています。この意味で、絵葉書自体がひとつの価値を担っているのです。この意味で、絵葉書は民主主義的状態、ものごとの認識との関係で私たちが位置しているデマゴギー〔捏造〕的状態の例証になっています。絵葉書はそのようなものであり、私は絵葉書的写真を撮りたいとは思いません。しかし、もしあなたが絵葉書や、その種のあらゆるイメージの社会学的、心理学的分析をしたいなら――この種の分析は別の機会になされていますが――、それなりの意味があるでしょう。あなたはそのような写真に、ある種の意味を与えることができます。それらは実際に起こったことを、もっとも分析的に表現しているのです。問題なのは、〔現実の〕イメージに〔絵葉書の〕イメージを付け加えたいと思うかどうかです。同じことをおおげさな表現で言い直せば、システムは、それがすでに語ったことを再度語るために、私たちを利用しているということになります。つまり、私たちが生産システムとさらに親しげに協働しなければならないとしても、その意味では、そんなこと〔イメージにイメージを付け加えること〕を試みる価値はないのです。だから、私ならあらゆる協力を停止するでしょう。

絵葉書の中には、すでにずっと以前から、もちろん超美学的、メタ美学的な特性が存在しています。だから、そこには限界がないのです。事態の展開を放置したり、あるいは停止したりすることが可能でしょうか？　そして、写真は、モノとしての写真は、意味作用の連鎖のあのネットワークに侵入する記号にほかならないのです。私がモノと言う時、それは何のことでしょうか？　私たちはモノを捕まえることはできません。モノは、モノ自体としてはどこにも存在せず、モノの宗教を立ち上げることもできません。けれども、そのことは、ただ単にこの種の言語表現のエスカレーション、つまり美学的メタ言語のエスカレーションを停止せよという意味であり、この種のエスカレーションが、芸術全般だけでなく、現代アートの無価値・無内容（ニュル）性の一部になっているのです。

結局、この時点から、現実（リアル）全体がハイパーリアルになります。リアルのエスカレーションがハイパーリアルであり、転移は無限に続いています。だから、転移の突然の中断によって、事態の進行を止めるのです。おそらく、永続的な流れの中で、世界が全面的に流体の様相を呈する傾向にある時、唯一の破壊的転覆行為は——そこまで言うつもりはありませんが——流れを止めることです。私たちは〔写真によって〕沈黙することができます。沈黙は写真の根源的な特性であり、私たちが沈黙するといっても、写真のイメージの中で沈黙するのです。つまり、イメージによって沈黙を表現するのです。おそらく、中断が生じた時点では、この中断を報告するイメージが存在したはずです。このイメージを生かさなくてはなりません。同じように、砂漠を例に取れば、砂漠の延長であるだけのイメージをあなたが撮影するなら、事態にまったく変わりはなく、そこに中断は存在しないのです。ある時点で、何かがかたちを取ったひとつの断絶が存在しないなら、今あなたが見ているものとはまったく異なる次元の何かのような断絶が存在しないなら、こう言ってよければ、そこには写真は存在しないでしょう。

終章――モノの運命

　初期の批判的著作から、その後の哲学的論考まで、モノの存在はジャン・ボードリヤールのすべての仕事を貫く横糸になっているのだが、彼の思想に遍在するモノとは、結局何なのか？　それはどのような運命を与えられているのだろうか？

　最初の頃〔一九六〇年代後半〕、ボードリヤールは日常的なモノに注意力を集中した。というよりむしろ、モノが充足させると思われている欲求をはるかに越える、モノの増殖と生産とそのエスカレーションに注目したのである。彼にとっては、家庭内の生活空間が、伝統的な環境から、多機能的で決定的に「世俗化」した、「モダン」なインテリアへの移行を観察する場面となった。「中性的で、軽くて、格納できるテーブル、脚も枠も天蓋もないあのベッド……」(1)。大量生産されるモノは、家庭に伝わった家具類が維持していた象徴的で情緒的な絆から抽象化され

（1） J. Baudrillard, *Le Système des objets*, Gallimard, Paris, 1968, p. 25.『物の体系』

て、指標としての次元を失う。流動的で複製可能な要素となったモノは、それ以来、商品の形式論理に対応して、その客観的機能*1さえも超越する傾向があり、モノの消費に固有な記号のシステムの中で、組合せ的な要素になってゆく。

ひとつの時代全体を通じて、モノとそのイメージが、ボードリヤールにとってはなんらかの現実と無関係なシミュラークルでしかないとしても、彼の著作中には、記号論的形式化を越えて、共犯的なモノの存在が出現するようになり、モノを共犯者として真の存在論的対決が開始されるのだ。記号のスパイラルを通じてモノの脱現実化が普遍化する傾向は、モノの策略を完了させはしない。「完全犯罪」（一九九五年）が達成された後で、モノは反撃に転じて、哲学につきまとい、ゲームの主人〔賭けの胴元〕になろうとしている。主体の批判的機能を、モノ〔客体〕のアイロニー的な機能が引き継ぐのだ。もはや主観的ではない、客観的なアイロニーである。[2]」だが、もはやモノ自体の影〔記号〕でしかないモノが、どのようにして哲学を嘲弄するまでの存在であり得るのだろうか？　実際、ボードリヤールが強調するように、モノの研究は必然的に領域横断的になり、モノ＝記号は言語記号よりはるかに多義的なので、記号論の範囲を越えてしまう。技術的、工業的、メディア的なモノ——あらゆる

*1　使用価値。

（2）J. Baudrillard, *Le Complot de l'art*, Paris, Sens et Tonka, 1997-2005, p. 32.『芸術の陰謀』

種類の人工物〔アルトファクト〕——は、完全な権利を持つ仲介者の役割を果して、主体の軌道の外部にその存在を押しつける。モノは、支配的理性が主張できたような無力で無言の存在とはほど遠く、ある種の自立性と、誘惑と、〔消費者に対する〕強制力を付与されている。私たちはモノを媒介としてコミュニケーションを実践しているとはいえ、私たちの知らないうちに、最後の言葉を語るのはモノのほうである。この意味で、「モノは演劇的な役割を演じている。単純きわまりない機能性をあっさりと挫折させるという点で、モノこそはまさに主役級の役者〔行為者〕なのだ。」(3)

おそらく彼自身は気づいていなかっただろうが、一九九〇年代のボードリヤールの知的態度には、古典的な学際的研究の規範の乗り越えが可能な相互主観性を土台とする方向性をもつ社会学の、さらにプラグマティックな文脈での展開に関して、ブリュノ・ラトゥール*1の態度との ある種の近接性が見られる。構造主義と機能主義の排除を特徴づけた「主体への回帰」の後の、「客体〔モノ〕への回帰」である。CSI〔国立鉱業大学校イノヴェーションン社会学センター〕(4)の研究者たちは、とりわけ完全な権利を持つ社会的行為者としてのモノの再導入に努めた。それはまた、モノが物神崇拝〔フェティシズム〕的な信仰〔思い込み〕の単なる

(3) J. Baudrillard, *Mots de passe*, Pauvert/Fayard, Paris, 2000, p. 14. ボードリヤール『パスワード』(塚原史訳、NTT出版)

*1 Bruno Latour,1947-: フランスの社会学者・人類学者、主体と客体を峻別する近代思想を批判し、モノや自然を含む全てのアクター〔行為者〕が相互に関連し合うネットワークとして社会と自然を考察するアクターネットワーク理論(AN

媒体ではないと認識することである（この種の信仰は社会的諸力に置き換えられるので、誤ったものとなる）。それはさらに、モノを相互主観性がさしあたり除外することのできる単純な道具としては、もはや考察しないことでもあり、ブリュノ・ラトゥール(5)は位階秩序《ヒエラルキー》化された世界観（主体／客体）から水平的な世界観への移行を提案している。複数の「アクター（acteur: 行為者）」の間で限りなく共有される、社会的なものの展開と連鎖のことであり、ボードリヤールなら循環性と言うだろう。こうした多様な「行為者」を、ラトゥールは、行為（アクション）の古典的な理論にあまりにも同化しているアクターという用語と一線を画するために「アクタン（actant: 行為する存在）」と名づける。この概念は、社会学者のラトゥールが記号論（グレマス*2）から借りてきたもので、たがいの特徴を交換し合い、相互に作用する存在を含んでいる。そのことは、主体と客体が時間と空間の異なる枠組みの中に分散していても、主体と客体の間では行為が共有され得ることを意味している。とはいえ、この「アクターネットワークの社会学」は主体を排除するわけではなくて、それどころか、持続性のあるやり方で、主体を客体の行為に結びつける。

　ボードリヤールは、社会学のイノヴェーションなど明らかに気にかけなかったので、主体との連帯を拒否する意思を強調しながら、さらに先

T）を提唱。『社会的なものを組み直す――アクターネットワーク理論入門』（伊藤嘉高訳、法政大学出版局）等。

（4）CSI, Centre de sociologie de l'invention, École des Mines.

（5）B. Latour, "Une sociologie sans objet? Remarques sur l'interobjectivité", *Sociologie du travail*, no. 4, 1994.

*2　A. J. Greimas, 1917-1992. リトアニア出身のフランスの言語学者・記号学者。

に進むことになり、最初期の著作からすでに徴候があった彼の哲学的立場は、結局、「不気味なもの」*1を維持するモノとの好運で、ほとんど内密な共謀関係に入り込む。モノといっても、もはや具体的な肘掛け椅子やランプや暖炉の衝立《ついたて》ではなくて、具体的であると同時に抽象的であり、可視的であると同時不可視でもある、それらすべてのことだ。「モノは一つの状況でも、一つの光でも、一つの生きた存在でもあり得る。」(6)モノ（客体）とは、主体以外のすべて、主体に抵抗し、主体を驚かせ、逃げ出して、また現れるものごとのすべてなのだ。物質的な形態や生命体の形態を取っていてもいなくても、モノは必ずそこにあると同時に、それ自体を抽象化する。「主体」と「客体（モノ）」の形而上学は、あらゆる理論化から遠ざかって、日常風景的《アンチミスト》で、夢幻的な思惟に内在化される。このような思惟は、人間的な属性をまったく持たないが、擬似的主体、というよりはむしろラディカルな他者性の主体に変容する客体（モノ）に生命を付与するだろう。

「唯一の奥深い欲望はモノへの欲望である。つまり、私がその不在を欠如だと思うモノ（対象）への欲望や、私の不在を欠如だと思うような「それ」（彼や彼女）への欲望ではなくて、私がその不在を欠

*1 フロイトの用語（Das Unheimliche）：身近なものに潜む抑圧された不気味さ。

(6) J. Baudrillard, *Car l'illusion ne s'oppose pas à la réalité*, Paris, Descartes & Cie, 1998.

如だと思わない彼や彼女への欲望、私がいなくても充分存在できるものへの欲望である……。私の不在を欠如だと思わない誰か、あるいは何か、それこそが大文字の「他者」であり、ラディカルな他者性なのだ。(7)」

モノはその表象から独立して現存する。メタフィジック(形而上学)、パタフィジック*2あるいはポエティック(詩学)は、感受性《サンシブル》を持つ「世界内存在」(ボードリヤールの場合がそうだ)の内部で、動詞の活用のように変化するが、この「世界内存在」は、やはり感受性を持つ、それとは異質な「モノの世界内存在」と対話しているのである(「感受性を持つ」という表現は、単一の極である主体の関連項としてしかモノの存在を認めない多くの哲学者には受け入れられないだろうが)(8)。けれども、ナノレベルの不可視の世界を探究するような、ある種の哲学者たちは、非生命体的な感受性と、そこで交錯し合う相互客体的諸関係について語ろうと試みている。「感受性を持つという状態は、こうして、モノとモノとの間にも現れるのだ。(9)」それなら、エリアス・カネッティ*3が、人間存在を犠牲にして策略を企み共犯関係を結ぶモノたちを想定して、ごくしばしば言及している、あのモノたちの共同体のことを、ボードリヤールがどうして想い描

(7) *Ibid.*

*2 想像上の解決の科学(前出)。

(8) S・レーヴのとても美しい次の論考を参照。S. Loeve, "Les nanotechnologies comme question esthétique", Anne Sauvageot, Xavier Bouju et Xavier Marie (dir.), *Images & mirages @ nanoscience. Regards croisés*, Hermann éditions, Paris, 2011.

(9) *Ibid.*

*3 Elias Canetti. 1905-1994 : ブルガリア出身のユダヤ系作家・思想家。『群衆と権力』一九六〇等

かずにいられるだろうか？

謎めいた言葉、「私たちのことを考えているのはモノのほうだ」は、あの「非生命体的感受性」を想起させるかもしれないが、その場合にも、何らかのアニミズムや擬人化の例を援用する必要はない。同じように、モノ自体は表象を生産しないのだから、モノに（メタファーの様式によってではないとしても）何らかの意識を付与する必要もない。むしろ、主体／客体（モノ）の関係に属さず、純粋に人間的なパースペクティヴに連れ戻せない「世界内存在」の諸様式を思考することが可能になるようにすべきだろう。おそらく、ボードリヤールの著述にごくしばしば現れる詩的《ポエティック》なものや遊び的《ルディック》なものは、あらゆる哲学的な理論化と同様に、あの相互客体的宇宙、私たちを「見つめ」、私たちを呼びとめ、私たちに挑戦するモノたちで溢れるあの世界を、より良く想い描くことができるだろう。

そこには、おそらくモノの運命が存在する。ボードリヤールが意図的に「悪霊」と名づけたあのアイロニー的なモノのことである。彼がやはり意図的に用いている別のパスワードである「運命」という言葉は、あらゆる因果関係を妨げるある種の秘密の行き先を指示する。それは「決定的で、不可逆的な切り離しの形態」から生じた行き先なのだが、「ある種の可逆性によって、切り離されたものが共犯関係を維持し続けることがある。」[10]（『パスワード』）ここでボードリヤールが、彼の思想を例証するために、粒子の切り離しの可能性と不可能性を同時に説明する超微粒子物理学を参照項にしているのは、取るに足らないことではない。「粒子がどこへ行こうと、決定的に切り離されようとも、それぞれの粒子はその反粒子に結びつけられ、連結されているのである。」[11]「運命」、決定論的思想からも自由意思からも免れた運命は、ここでもまた、ボードリヤールが主体をその控えめな役割に連れ戻すことを可能にする。「特定の意図を持たない」この種の運命には、神の摂理や神の力などは存在せず、運命は固有のやり方で世界を出来事の意味あるいは無意味のほうへと導くが、人間は無力であり、そのことを理解できないのだ。実際、「論証的なやり方ではなくて、逆に、世界のことを考えるための我々のあらゆる努力に逆らって、我々のことを考えているのは世界のほうである。」[12]そして、世界のことを考えているとされる主体から独立したこの世界は、事象と客体（モノ）の世界、おそらく内在的な世界であり、偶然や決定不能状態の結果としての世界ではない。ボードリヤールは、この世界とたえず対話を続けている。「運命、それは我々と、我々のことを考える世界、我々が考えている世界との間の象徴交換なの

（10）J. Baudrillard, *Mots de passe*, Pauvert/Fayard, Paris, 2000, p. 68.『パスワード』

（11）Ibid., p. 68.

（12）Ibid., p. 70.

だ。そこでは、さまざまなことがらの間で、あの衝突と共謀、あの衝突と共犯が生じている。[13]」

真実に関するあらゆる言説の外部に位置するボードリヤールの思想は、知の主体の思想ではない。それは逆説的で、挑発的で、誘惑的で、出来事的で、矛盾に満ちて、曖昧（両義的）で、遊戯的で、懐疑的で、極端で、ラディカルであろうとする思想だが、けっして相手を侮辱する傲慢な思想ではない。批判的哲学者として称えられ、その後カタストロフの思想家として批判されたボードリヤールは、現実を先取りするタイプの「楽しい知恵[14]」を創造した。「世界がボードリヤール的になった[15]」結果、この哲学者の思想は社会全体によって消費されてしまった。多くの偉大な知識人の場合と同じように、彼の分析や考察が社会の集合的思想になったのである。たとえば、無意識のさまざまな働きを認識して飽きるほど解説するために、誰もがフロイトを読む必要がなかったほど、文化全体が精神分析的になっているように、「メディアはメッセージである」というマクルーハンの記念碑的な名言の前にあらゆるメディアが整列するためには、彼の予測や主張の信憑性を確認する必要はなかったのだ。マクルーハンの当初はきわめて特異だった思想は、その後日常性の文化と同化して、メディアの世界と切り離せなくなり、今では誰もがあ

（13）Ibid., p. 71.

（14）J.-P. Curnier, "Un gai savoir", *Lignes 31, Le Gai Savoir de Baudrillard*, février 2010.

（15）L. Leonelli, *La Séduction Baudrillard*, École nationale des beaux arts, Paris, 2007, p. 139.

のカナダ人の研究者〔マクルーハン〕のことを思い出す必要さえなくなっている。同じようにして、世界中が、つまりメディアや知識人から専門家以外の人びとまでが「ボードリヤール的思想」[16]を取り込んだので、彼の思想は、たいていの場合私たちが気づかないうちに、私たちの世界観を方向づけている。ボードリヤールについては多くが語られ、多くの解説が出回って、彼の著作自体が消費対象として人びとに吸収されていることは言うまでもない。だが、彼の仕事自体は、さまざまな理論や論争を越えて、生き続けている。「フーコーを忘れること」?[*1]。それはありえないことだが、まったく同じように、ボードリヤールを忘れることなどけっして望めないだろう。ボードリヤールの思想はいつもアクチュアルで、ショッキングで、刺激的なのだから。

この小さな著作〔本書〕には、どんなノスタルジーもつきまとってはいないが、これほど戦慄的で常識外れな彼の思想のいくつかの断片を再構成する著者〔ソヴァージョ〕の能力については疑問が伴うとだけ、最後に言っておこう。本書を執筆したもっとも率直な動機は、ジャン・ボードリヤールのあのモノの思想を共有すること、あるいはむしろ、他のどんな情熱にも似ていないあのモノへの情熱を再考して、共有するこ

(16) J.-P. Curnier, "Un gai savoir", *Lignes 31, Le Gai Savoir de Baudrillard*, février 2010.

*1 ボードリヤールの一九七七年の著作の表題。邦訳『誘惑論序説―フーコーを忘れよう―』（塚原史訳、国文社）。

と――「共有」は、この場合幻想にすぎないとしても――のひそかな楽しみだったのである。

主要参考文献〔原著者のアルファベット順、邦訳のある著作に限る〕

AUSTIN J. L.: *How to Do Things with Words*, Harvard University Press, 1962. オースティン『言語と行為』坂本百大訳、大修館書店。

BARTHES R.: *La Chambre Claire*, Seuil, 1980. バルト『明るい部屋—写真についての覚書』花輪光訳、みすず書房。

BARTHES R.: *Mythologies*, Seuil, 1970. バルト『現代社会の神話』下澤和義訳、みすず書房。

BAUDRILLARD J.: *Le Système des objets*, Gallimard, 1968. ボードリヤール『物の体系』宇波彰訳、法政大学出版局。

BAUDRILLARD J.: *La Société de consommation, ses mythes, ses structures*, Gallimard, 1970. ボードリヤール『消費社会の神話と構造』今村仁司・塚原史訳、紀伊國屋書店。

BAUDRILLARD J.: *Pour une critique de l'économie ploitique du signe*, Gallimard, 1972. ボードリヤール『記号の経済学批判』今村仁司・宇波彰・桜井哲夫訳、法政大学出版局。

BAUDRILLARD J.: *Miroir de la production*, Casterman, 1973. ボードリヤール『生産の鏡』今村仁司・宇波彰訳、法政大学出版局。

BAUDRILLARD J.: *L'Échange symbolique et la mort*, Gallimard, 1976. ボードリヤール『象徴交換と死』今村仁司・塚原史訳、ちくま学芸文庫。

BAUDRILLARD J.: *Oublier Foucault*, Galilée, 1977. ボードリヤール『誘惑論序説—フーコーを忘れよう—』塚原史訳、国文社。

BAUDRILLARD J.: *De la séduction*, Galilée, 1979. ボードリヤール『誘惑の戦略』宇波彰訳、法政大学出版局。

BAUDRILLARD J.: *Simulacres et simulation*, Galilée, 1981. ボードリヤール『シミュラークルとシミュレーション』竹原あき子訳、法政大学出版局。

BAUDRILLARD J.: *Amérique*, Grasset et Fasquelle, 1986. ボードリヤール『アメリカ』田中正人訳、法政大学出版局。

BAUDRILLARD J. : *Le Crime parfait*, Galilée, 1995.　ボードリヤール『完全犯罪』塚原史訳、紀伊國屋書店。

BAUDRILLARD J. : Nouvel J. : *Les Objets singuliers. Architecture et philosophie*, Calmann-Lévy, 2000. ボードリヤール・ヌーヴェル『les objets singuliers—建築と哲学』塚原史訳、鹿島出版会。

BAUDRILLARD J. : *Mots de passe*, Pauvert/Fayard, 2000. ボードリヤール『パスワード』塚原史訳、NTT出版。

BAUDRILLARD J. : *L'Esprit du terrorisme*, Galilée, 2002. ボードリヤール『パワー・インフェルノ』塚原史訳、NTT出版・

BAUDRILLARD J. MORIN E. : *La Violance du monde*, éditions du Félin/Institut du monde arabe, 2003. ボードリヤール・モラン『ハイパーテロルとグローバリゼーション』宇京頼三訳、岩波書店。

BAUDRILLARD J. : *Le Complot de l'art*, Sens & Tonka, 1997-2005. ボードリヤール『芸術の陰謀』塚原史訳、NTT出版。

BAUDRILLARD J. : *Pourquoi tout n'a-t-il pas déjà disparu?*, L'Herne, 2007. ボードリヤール『なぜ、すべてがすでに消滅しなかったのか』塚原史訳、筑摩書房。

BENJAMIN W. : *L'Œuvre d'art à l'époque de sa reproductivité technique*, Denoël-Gonthier, 1971〔仏語版〕. ベンヤミン『複製技術時代の芸術作品』佐々木基一訳、晶文社等。

BOURDIEU, P., PASSERON, J-C. : *La Reproduction*, Les Éditions de Minuit, 1970. ブルデュー・パスロン『再生産—教育・社会・文化』宮島喬訳、藤原書店。

DEBORD, G. : *La Société du spectacle*, Buchet/Chastel, 1967. ドゥボール『スペクタクルの社会』木下誠訳、ちくま学芸文庫。

GALBRAITH, J. K. : *The Affluent Society*, Houghton Mifflin,1958. ガルブレイス『ゆたかな社会』鈴木哲太郎、岩波書店。

GIBSON, J. : *The Ecological Approach to Visual Perception*, Houghton Mifflin, 1979. ギブソン『生態学的視覚論——ヒトの知覚世界を探る』古崎敬訳、サイエンス社。

解説――訳者後記に代えて

本書は次の書籍の全訳である：Anne Sauvageot, *Jean Baudrillard La passion de l'objet*, Presses Universitaires du Mirail 2014（現在の名称はPresses Universitaires du Midi）。

この著作は《C'est l'objet qui nous pense》Texte inédit et photographies de Jean Baudrillard（「モノが私たちのことを考えている」ジャン・ボードリヤールの初出テクスト及び写真）という副題の通り、著者アンヌ・ソヴァージョの書下ろしボードリヤール論及びボードリヤールによる現代写真論（一九九九年の講演記録）と彼自身の写真展に展示された作品の図版によって構成されているので、邦訳書の表題を『ボードリヤールとモノへの情熱――現代思想の写真論』とした。

1　書物の概要

本書は上述のように、フランス国立トゥールーズⅡ‐ミライユ大学（現在の名称はジャン・ジョレス大学）名誉教授で社会学者のアンヌ・ソヴァージュによる斬新なボードリヤール論と、ボードリヤールの現代写真論の二部構成になっている。

「斬新な」と書いたのは、まずボードリヤールといえば、一九八〇年代頃まではポストモダンのカルト的思想家と見なされる傾向があったが、その後「ポストモダン」のレッテルからあえて遠ざかり、二〇〇七年に七七歳で歿するまで「哲学と文化の高度に特異的（idiosyncratic）で挑発的な分析を展開したユニークな思想家」（*Stanford Encyclopedia of Philosophy online*, 2019）という最近の評価を鮮明に反映した著作だからだ。さらに「斬新」なのは、本書が著者の論考とともに、一九九九年四月トゥールーズで開催されたボードリヤールの写真展と講演の記録を通じて、「哲学者＝写真家」としてのボードリヤールを新たな視点から紹介することを意図しているためである。この呼称（le philosophe et photographe）は二〇〇五年の『ル・モンド2』誌のインタビュー記事の表題にも用いられ、欧米のメディアでは近頃よく見かける表現である。

そのことをひとまず確認したうえで概要をごく手短にたどれば、第一部では、モノ、記号、シミュラークルなどボードリヤールのキーワードである各章の表題が示す通り、ソヴァージョはボードリヤールの著作活動のあらましを「モノへの情熱」の探求を軸として巧みに読み解いている。著者のテクスト自体がボードリヤールの思想の秀逸な「解説」なので、ここで「解説」の解説などは不要だが、ソヴァージョがその展開を演劇の進行に例えているのは、あまり前例のないスタイルで説得力がある。つまり「ボードリヤール劇場」が繰り広げるラディカルな現代社会論は、記号化されたモノがパブリシティ（宣伝広告）と時代の流行の相互作用を通じて差異化され、モノの外観や雰囲気が「現実」に対して勝利を収める「第一幕」、モノのパブリシティのスペクタクル化と、その過程を演出する記号論的支配を通じて象徴的なものの時代が終わり、ヴァーチャルなものの出現が世界のラディカルな脱現実化を加速する「第二幕」、そして抽象化されたデジタル言語にもとづく、無限に変容可能で更新可能なモデルの世代が現実以上に「現実的な」ハイパーリアリティへの接近路を開く「第三幕」によって構成されているというのである（宣伝広告の役割が強調されているのは著者の研究経歴の反映とも思える）。

こうした視点から、ソヴァージョは『物の体系』、『消費社会の神話と構造』、『シミュラークルとシミュレーション』、『象徴交換と死』、『完全犯罪』、『不可能な交換』、『悪の知性』、『芸術の陰謀』など、ボードリヤールの主著を次々に取り上げ、宣伝広告、複製技術、ヴァーチャル・リアリティ、現代アート等々の現代社会の多様な諸相を縦横に論じている。とくに、人間（主体）がモノ（客体）を支配する西欧近代型の図式のラディカルな逆転の先端的な企てとして、自分自身の肉体を拡張してメディア化するアーティスト、ステラーク（自分の腕に「第三の手」を移植）や、主体と客体を峻別する近代思想を批判してモノや自然を含むすべてのアクター（行為者）が相互に関連し合う「アクターネットワーク理論」（ANT）を提唱する思想家ブリュノ・ラトゥールらの提案の紹介などを通じてボードリヤールの思想を積極的に「拡張」することで、本書は彼の著作を読み解くための新たな手がかりを提供してくれる。

消費社会の記号論では尽くせないボードリヤールの脱領域的な影響力について、ソヴァージョは「彼の思想は、たいていの場合私たちが気づかないうちに、私たちの世界観を方向づけている」（本書 p.173）と述べているが、フランスを代表する現代建築家ジャン・ヌーヴェルも二〇〇四年に次のように語っていた——「ジャン〔ボードリヤール〕のアプローチには、逆説や逆転への好みや、もろもろの思想をつねに転覆させようとする志向が存在する。この点で、私の思考システムはたしかに彼に何ごとかを負っているのだ」（『レルヌ』誌ボードリヤール特集号：*Jean Baudrillard*, Cahier de l'Herne, no. 84, p.180：二人の共著『les objets singuliers――建築と哲学』参照）。また、最近では新型コロナウイルス（COVID-19）の地球規模の蔓延という深刻な状況に関連してボードリヤールの思想が改めて参照される機会が増え、二〇二〇年に、オーストリアの著名な現代アーティストでキュレーターのペーター・ヴァイベルは「ボードリヤールが情報拡散の感染力を鋭く指摘し、マスメディアの〔本質である〕ウイルス性をたえず警告し続けた」ことを強調している（ウィーン応用美術大学ウェブサイト参照 https://medientheorie.uni-ak.ac.at）。とはいえ、日本でのボードリヤール受容は今なお「ポストモダンの思想家」のレベルにとどまっている感があるが、本書はそうした既視感を越えて「哲学者＝写真家」としてのボードリヤールに接近するための最新の入門書（あるいは再入門書）だと言ってよいだろう。

第二部は、ボードリヤールの上記講演と聴衆との討論の記録（本書初出）を収録した貴重な資料であり（写真作品は口絵）、とくに「芸術は無価値・無内容（ニュル）」という、あのボードリヤールの過去の「暴言」（『芸術の陰謀』）を持ち出した聴衆からの相当辛辣な発言に彼が誠実に真意を語っているあたりは読み応えがある。ボードリヤールは「無価値・無内容や空虚や無などは、まさに現実から意味や意義のあらゆる重荷を剥ぎ取ることになります。〔…〕したがって、「無価値・無内容」とは少しも否定的なものではなく、私はこの語を否定的な意味ではまったく使っていないのです」（本書 p.136）と、率直に答えていたのだった。なお、収録写真八点は上述の展覧会に展示されたもので、出版物ではボードリヤールの写真論『幻想は現実と対立しないのだから』（一九九八）及び写真集『モノの地平線にて』（一九九九）などに既出だが、それらの点については後述する。

2 著者について

アンヌ・ソヴァージョは一九八二年に社会学博士号取得後、トゥールーズ大学で長年教鞭を取り現在名誉教授、LISST（Laboratoire Interdisciplinaire, Solidarités, Sociétés, Territoires：社会地域連帯学際研究所）の研究者でヴァーチャル・リアリティやデジタルメディアの社会的機能と個人の社会的行動への影響の研究などで知られ、同大学出版局の叢書 SOCIO-LOGIQUES「社会＝論理」編集長も務めた。ボードリヤールと交流があり、現在もマリーヌ夫人と親しい。

ソヴァージョの研究活動については、本人がPUF（フランス大学出版局）のホームページに発表しているコメントが意を尽くしている。

「社会学の博士論文（一九八二年提出）を準備する機会に、私は数百のヴィジュアルなパブリシティを研究対象として分析し、それらが時間と空間を通じて媒介する想像力の世界をよりよく認識することを試みた。その際、パブリシティのうちに目を欺く操作的な次元しか見ようとしないネオ・マルクス主義的アプローチから距離を置いて、多様な象徴化の操作を越える象徴界の普遍性をさらに理解するために、そうした現代的イメージのうちにもっと普遍的なアルケティプス（原型）を再発見するよう努めたのだ。その後、さまざまな研究計画が可能になって、私はとりわけイメージ（写真、画像、映像）に関する新しいデジタル技術の考察にむかい、合成的イメージを活性化する知覚的、認識的、象徴的な新たな枠組みの分析を試みたのである。」

(https://www.puf.com/Auteur%3AAnne_Sauvageot)

主著は本書の他以下の通り（いずれも未邦訳で表題は試訳、紹介文は上記サイト他から抄訳）。

・*L'épreuve des sens: De l'action sociale à la réalité virtuelle*, PUF, 2003.
『感覚の試練――社会的行動からヴァーチャル・リアリティへ』――経験の枠組みの中で増大する技術性――テレプレゼンス（遠隔メンバーとの臨場感を伴う電子的コミュニケーション）、電子的ネットワーク、ヴァーチャル・リアリティなど――に直面して、現代人の知覚と認識の新段階を考察する研究。ヴァーチャルな世界の「試練」は、ヴァーチャルな技術が現代人の知覚と行動の枠組みの変更を実現する方法についての理解を深めてくれる。

・*Voirs et savoirs : esquisse d'une sociologie du regard*, PUF, 1994.
『見ることと知ること　視覚の社会学の素描』――視覚の客観性を問い直し、記憶と認識を追体験する視覚の機能の探究をつうじて、その社会的性格を模索する。

・*Sophie Calle, l'art caméléon* : PUF, 2007.
『ソフィー・カル、カメレオンの芸術』――フランスの著名なコンセプチュアル・アーティストの写真、日記、ロードムービーなどを多用した私生活のメディア化に関する考察（カルの『ヴェネツィア組曲／私を追いかけて』はボードリヤールの序文付き）。

・*Figures de la publicité, figures du monde*, PUF, 1987.

『広告のかたち、世界のかたち』――パブリシティの新たなパースペクティヴへの案内書となり得る、シンボルとアルケティプスに関する探究をめぐる社会学的研究。

なお、ソヴァージョは一九九八年一二月にフランス政府調査団のメンバーとして来日、慶應義塾大学との日仏シンポジウム「ヴァーチャル・リアリティ、その科学技術的、社会文化的、芸術的インパクト」に参加している（ASCII.jp ×デジタル News：一九九八年一二月七日号参照）。

3　ジャン・ボードリヤールと写真、写真論

本書の大きな特色は、ソヴァージョによる新たな視点からのボードリヤール論に続けて、ボードリヤール本人が語る写真論と聴き手とのディスカッションの記録、そして彼自身による写真作品の図版が収録されていることであり、第二部の理解を深めるために、私たちの思想家と写真、写真論との関わりについて記しておきたい。

（1）写真家としてのボードリヤール

まず、ごく個人的な体験を述べさせてもらえれば、訳者が写真撮影中のボードリヤール本人を最

神戸三宮駅頭のジャン・ボードリヤール
（1995年2月22日塚原史撮影 photo Fumi Tsukahara）

初に目撃したのは一九九五年二月二二日午後、神戸三宮駅前でのことだった。三日前の二月一九日東京新宿の紀伊國屋ホールで吉本隆明との公開討論「世紀末を語る——あるいは消費社会の行方について」（司会・通訳は塚原）を終えたばかりだったが、本人の強い希望もあり、阪神・淡路大震災直後の現地を訪れたボードリヤールに同行したのである。その際、当時六〇代半ばの思想家は、日本製一眼レフとローライの小型カメラを携えて精力的に歩き回り、まだ傾いたままのビルや崩壊したセンター街を真剣な表情で撮影していた。この時の体験について、詳しくは上記講演録（紀伊國屋書店、一九九五）及び拙著『記号と反抗』（人文書院、一九九八）の評論「ボードリヤールとの旅——消費社会と廃墟の風景」を参照いただきたい。その後、一九九七年一一月のボードリヤール写真展や二〇〇三年一〇月のフランス政府文化使節としての来日の折にも、ボードリヤールと行動を共にする機会があったが、二〇〇三年には、ある企画の主催者からプレゼントされたデジカメで東京の裏通りなどをさかんに写していたことが思い出される。

じつは、ボードリヤールと写真の関わりには日本でのエピソードが少なくない。一九九七年には上述の通り東京渋谷のパルコギャラリーで開催されたボードリヤール、ルイジ・ギッリ、ウタ・

バース三人の写真展「消滅のART」（一九九七年一一月七日－一二月九日）に出展し、彼の写真と写真論を収めた『消滅の技法』（梅宮典子氏企画編訳、パルコ出版）が刊行された。同書の原題は *L'Art de la Disparition* と記載されているが、フランスで出版されたこのタイトルの著書は見あたらず、ほぼ同一内容の *Car l'illusion ne s'oppose pas à la réalité*（『幻想は現実と対立しないのだから』）の日本編集版と思われる。『消滅の技法』は現在なおボードリヤールの「写真論・写真集」の重要な邦訳なのだが、その後記によれば「写真は一九八一年に来日した際にオートマチック・カメラをプレゼントされたことをきっかけに、日本で撮り始めた」という（この記述は前出の『レルヌ』誌ボードリヤール特集号でも確認されている）。ちなみに今回の本書は、ボードリヤールの写真作品を収録した日本の単行本としては、四半世紀前の『消滅の技法』に続く出版となる。

「一九八一年来日」とは、当時東京池袋の西武デパートにあったスタジオ２００で同年一〇月に開催された「ボードリヤールフォーラム東京81」のことである。和光大学教員有志他が実行委員となり、今村仁司、多木浩二、磯崎新、木村恒久らが参加したイベントで、筆者のボードリヤールとの初対面もこの時だった（『シミュレーションの時代――ボードリヤール日本で語る』ＪＩＣＣ出版局参照）。ただ、ボードリヤールは日本で撮影した写真を公開しなかったせいもあり、「フォトグラフ」（フランス語で「写真家」）として国際的に認められるのは一九八〇年代にアメリカ大陸など世界各地を度々訪れて写真を撮り続けてからで、一九九〇年代から最晩年まで、ボードリヤールが参加した主要な写真展は以下の通りである（『レルヌ』誌 p.324 他参照）。

一九九二年一二月：パリ（ギャラリー・ジェラール・プリッツェル）
一九九三年六月：ヴェネツィア・ビエンナーレ
一九九六年一〇月：リオデジャネイロ（近代美術館）
一九九七年一一月：東京（パルコギャラリー、上述）
一九九九年一月：オーストリア（ノイエ・ギャラリー・グラーツ総合博物館）
一九九九年四月：トゥールーズ（ギャラリー・シャトー・ドー、本書に記載）
一九九九年一二月〜二〇〇〇年一月：パリ（ヨーロッパ写真美術館ＭＥＰ）
二〇〇一年三月：シドニー（近代美術館）
二〇〇一年二月〜四月：パリ（ＭＥＰ「ボードリヤールとイメージの殺戮」展）
二〇〇二年四月：モスクワ（写真ビエンナーレ）
二〇〇三年五月：イタリア、シエナ（サンタマリア・デッラ・スカラ博物館）
二〇〇三年一二月〜二〇〇四年二月：ドイツ、カッセル（フリデリツィアヌム美術館）
二〇〇四年七月：ドイツ、ＺＫＭカールスルーエ・アート＆メディア・センター（ＺＫＭでは一九九五年にジーメンス・国際メディアアーツ賞受賞）

（2）ボードリヤールと「哲学的実践としての写真」

ところで、現代思想家の写真論にはロラン・バルト『明るい部屋』、スーザン・ソンタグ『写真論』などの優れた著作があることはよく知られているが、バルトが「私は写真家ではないし、写真のアマチュアでもない。そうなるにはあまりにも忍耐心がないからだ」（上記原書 p.23）と述べたように、思想家の写真論は写真家のそれとは次元が異なる場合が多いが、この点で気になるのはボードリヤールの思想家としての実践と写真家としての活動とのつながりである。本書の講演で、ボードリヤールは写真が彼の情熱の対象となったのは「言葉のコントロールや象徴的な支配の形態に縛られる文章とは異なり、写真が純粋な楽しみだったから」であり、「美的な関心をまったく持たずに、私は写真を実践してきたし、今も実践しています」と語っていた（本書 p.108）。しかし「楽しみ」による実践といっても、そこにはある種の選択が介入していて、彼は人間をほとんど写そうとはしなかったのだが、その理由について、当時七〇歳のボードリヤールは率直にこう述べている。

「私がいつも気になっていたのは、ある意味で、いつもモノのことであり、私の写真に本来の意味での人間が存在しないのはそのためです。そこにはシルエットや人影が写っていますが、それらはとてもハイパーリアルなのです。そこに人間がいないといっても、人間に対抗して別の何かを撮影したわけではありませんが、いたるところで見つかる主観的で、意味付けされた人間、あるいは歴史的、政治的な人間という重荷が、モノという異質な存在の沈黙の意味作用を覆い隠す遮蔽幕になっているのです。だから意味に抗して、文章の記述に抗して、モノ〔被写体〕の字義通りの〔物体としての〕特性を発見し、そのことによって、現実を転覆させるイメージの機能を再発見することが、私の関心事になったわけです。」（本書 p.111）

一九六八年の『物の体系』を起点とする思想家の軌跡が想起される言葉だが、この点については、パリ第7大学教授フランソワーズ・ガイヤール（現代思想・芸術論）が二〇〇七年三月ボードリヤール逝去直後に催された追悼講演・セミナーで「哲学的実践としての写真」と題する報告を行って、次のように語っていたことは意味深い。少し長いが重要な言及なので引用しておこう。

「子どものためのある種の寓話の作家たちは、事物（choses）が人間から切り離されて自立した存在形態を持つかもしれないという想いを掻き立ててきたが、ジャン・ボードリヤールはこの種の想いに哲学的な問いの形態を与えた――《私たちはずっと前から私たち人間なしで機能する世界という奥深い幻覚（ファンタスム）を抱いてきたのではないだろうか?》そして、この世界こそは彼が撮影することを望んだ世界なのだ。私たち人間を前提としないあの世界、私たちが存在しないあの世界である。こうして、彼は、事物が純粋な明証性を帯びてその存在を私たちに突きつける瞬間を選んだ。それは事物が私たちの視線とは無関係に、事物自体のためだけに存在するように見える瞬間であり、不意を突く驚きによってしか捕捉されることのない瞬間である。そして、事物をその真相である純粋な「ただ、そこにある」状態〔être-là: ハイデガーの「現存在」Dasein の仏語訳でもあるが、ここでは文字通りの意味だろう〕に引き戻すために、ボードリヤールは私たちの主観性によって覆われたあらゆる性質を事物から引き剥がしたのだった。」（"La photographie comme pratique philosophique" par Françoise Gaillard, *Médium* N°12, 2007, p.174）。

ガイヤールのこの指摘は、「ただ、そこにある」だけの事物＝モノが「人間を前提としない世界」を構成しているという「哲学的」思惟を、モノがその存在のかたちを不意に人間に突きつける瞬間の直観と結びつけることで、最初の著作『物の体系』以来一貫してモノの側に立ち続けたボードリヤールによる「哲学的実践としての写真」の根拠を解き明かしており、説得力がある。というのも、私たちの哲学者＝写真家がその後半生を通じて執拗に追求したのは、まさにこの瞬間を言葉とは別に、イメージ（写真）で捉える企てだったからだ。ボードリヤール自身も『幻想は現実と対立しないのだから』（前出：*Car l'illusion ne s'oppose pas à la réalité*, Descartes et Cie, 1998：文献A）で、こう書いていた。

「写真は私たちの悪魔祓いだ。プリミティヴな社会にはその時代の仮面があり、〔西欧近代の〕ブルジョワ社会にはその時代の鏡があったが、私たちには私たちの時代のイメージ（写真）がある。私たちは技術によって世界を強引に支配していると思い込んでいるが、技術を通じてその存在を私たちに押しつけてくるのは、むしろ世界のほうであり、この逆転がもたらす驚きの結果は無視できないほど大きい。あなたは楽しんであれこれの場面を撮影すると思い込んでいる——だが、じっさいには撮影されることを望んでいるのは場面のほうであり、あなた自身はその場面による演出の脇役にすぎない。」（文献A）

さらに、写真家ボードリヤールの今のところもっとも大部の充実したアルバム『モノの地平線にて（一九八五〜一九九八年の写真）』*À L'HORIZON DE L'OBJET : Photographies 1985-1998*, NEUE GALERIE GRAZ, Hatje Cantz Publishers, 1999：文献Ｂ）に掲載された彼自身の論考「モノが私たちのことを考えている」（本書の講演と同じ表題だが別内容、一九九八年一二月〜翌年一月執筆で文献Ｂが初出）には、次のような文章が見つかる。なお、この写真集は「ボードリヤールの写真を彼の写真論集成とともに初めて紹介するもの」だった（同書序文による）。

「私たちは世界が私たちを見ている場合にしか、世界を見ることができない。私たちは世界が私たちをすでに見た場合にしか、世界を見ることができない。世界が私たちのことを考えているのだと私たちが最初に望む場合でなければ、私たちは世界のことを考えられないのと、まさに同じように。私たちの希望、あるいは秘かな欲求はそのようなものであり、私たちはモノと世界が私たちを見つめ、私たちを欲し、私たちについて考えることを望むのだ。突き詰めて思えば、私は写真に関心を持ちたいわけではなくて、写真のほうが私に関心を持って欲しいのである。」（文献Ｂ p.93）

「写真のほうが私に関心を持って欲しい」という意外なほど率直な言葉には驚かされるが、この切実な願いを通じて、写真家ボードリヤールは「写真（フォト）」が人間に奉仕する手段を乗り越えて「写真家（フォトグラフ）」の意図から自立した「モノ（客体）」の共犯者となることを確認したうえで、はるか過去の仮面や少し前までの鏡に続く現代社会の「悪魔祓い」の行為者としての写真を呼び出そうとしているかのようだ（ラトゥールの「アクター」を思わせる発想である）。文献Bは写真展一覧にも記してあるが、一九九九年オーストリアのグラーツで開催されたボードリヤール写真展の記録集であり、この展覧会のキュレーターだったペーター・ヴァイベル（当時カールスルーエZKM所長）は「カイロスと偶然性――ジャン・ボードリヤールの写真」と題する文章を寄せて（カイロスはギリシア神話で一瞬に過ぎ去るチャンスを表し、過去から未来への流れとしての時間であるクロノスとは異なる）、ボードリヤールの写真と彼の哲学的思惟の特別な結びつきについて、こう述べている。

「およそ一二年前から、彼は多くの旅の途中で写真を撮り始めた。この活動は、はじめは不規則なものだったが、とくに六年前から強度を増すことになった。ボードリヤールにとって、〔写真という〕芸術的活動は彼の哲学に直接結びついてはいない。それどころか、論評したくないことがらを、彼は写真に撮るのであり、彼が撮影したものは文章から逃れることになる。とはいえ、ボードリヤールのさまざまな理論は彼の撮影した写真のフィルムの上にはっきりと示されているので、私たちは彼の写真を見る際にそのことを無視するわけにはいかない。この意味で、一九九九年のノイエ・ギャラリー・グラーツで開催された展覧会と本書〔同展カタログ〕のタイトルはすでに示唆的である。というのも「モノの地平線にて」は、彼が、日常性の社会学の著者〔『日常生活批判』など〕であるアンリ・ルフェーヴルの助手だった一九六八年に〔パリ大学ナンテール校に〕提出した博士論文『物の体系』の表題と響きあっているからである。」（Peter Weibel, "Cairos et contingence: les photographies de Jean Baudrillard" 文献Ｂ：p.197）

「一二年前」とは一九八〇年代半ばの著作『アメリカ』につながる旅を、「六年前」はヴェネツィア・ビエンナーレへの参加などを指していると思われるが、一九九九年の写真展「モノの地平線にて」が三〇年のクロノス的時間をへて『物の体系』と響きあったというカイロス的好運（チャンス）をヴァイベルは強調して、ボードリヤールの哲学と写真の特別な結びつきを示唆したのだった。「特別な結びつき」と言ったのは、ボードリヤールの写真を見つめる時、現実（リアリティ）と幻想（イリュージョン）の対立という主体優位の思考を越えて客体（モノ）の側に移行しようとする彼の「哲学」が「写真」を通じて実践されていると強く実感されるからだが、この点について、ボードリヤールが一九九八年に『幻想は現実と対立しないのだから』で述べた次の言葉は、幻想と現実の通底性と共犯性を指摘して印象深い。

「モノには視界から消えることでそれ自体が変化する性質がある。この意味で、モノは私たちを欺いて、幻想（イリュージョン）を作り出す。だが、まさにこの意味で、モノはモノ自体に忠実なのだから、私たちは――モノの緻密な細部や正確な外観を通じて、モノの外観とその連鎖がもたらす官能的な幻想を通じて――モノに対して忠実になる必要がある。なぜなら、幻想は現実と対立しないのだから。幻想とは現実の消滅の最初の記号を包み込む、もっと微妙なもうひとつの現実のことなのである。」（文献Ａ）

ところで、先ほど「哲学者＝写真家ボードリヤール」という表現の実例として紹介した『ル・モンド2』誌（六七号二〇〇五年五月二八日）に戻れば、このインタビュー記事自体は、そのタイトル「哲学者＝写真家ジャン・ボードリヤール――ウイの確実性がノンを仕立て上げた」が示すように、当時フランスの世論を二分したEU憲法批准の国民投票（同年五月二九日）の直前に「国際的に著名な最近のフランスの思想家の一人」に見解を求めるものだった（結局、彼の予想通り批准は否決）。ボードリヤールはそこで「私たちはギー・ドゥボールのスペクタクルの社会以後の段階に移行しています。もはや〔出来事の起こる〕舞台の前にいるのではなくて、ネットワークの中にいるのです。私たち自身がネットワークなのです」と語り「今日ではTV画面が世界そのものになり、地図が領土そのものになっていて、この種のシナリオが無限に拡張されている」という状況の危険性を警告している。ここまでは「哲学者」としての発言だが、記事にはボードリヤールがヨーロッパや南米など世界各地で撮影したカラー写真数点が添えられており、「写真家」としての彼の力量を社会的にアピールする場面にもなっていた。そのうえ同誌の表紙には、最晩年のボードリヤールが白髪を

『ル・モンド2』誌 67 号表紙
（2005 年 5 月 28 日号：塚原史蔵書
collection du traducteur）

振り乱して一眼レフを縦位置で構えた大写しのポートレイトが全面を使って掲載されたから、「哲学者＝写真家」としての強烈なイメージがマスメディアを通じてクローズアップされたのである。

生涯にわたって「モノへの情熱」を発信し続けた私たちの思想家の「写真への情熱」が熱く伝わってくるエピソードだが、それから二年後の二〇〇七年三月六日にボードリヤールが他界したため、この表紙写真は予期せぬ遺影となっている。

（3）本書掲載写真について

ノイエ・ギャラリー・グラーツ展のカタログ・レゾネ（文献B）によれば、本書に掲載されたボードリヤール撮影写真八点の詳細は以下の通りである。いずれも表題はなく、撮影場所と撮影年及び展示作品のプリントサイズが記載されている（本書の原書では写真にキャプションはないが、訳書ではⅠ〜Ⅷの番号を付した）。作品掲載にあたっては、著作権者マリーヌ・ボードリヤール夫人から重要な提言を頂いた。

『ボードリヤールとモノへの情熱』掲載 Jean Baudrillard 撮影写真（地名は撮影地）

Ⅰ・フロリダ Floride 1986（30 × 45cm）：文献B p.57

Ⅱ・ヴェニス（カリフォルニア）Venice Californie 1989（36 × 24cm）：文献B p.56

Ⅲ・サンパウロ Sao Paolo 1988（24 × 36cm）：文献B p.107

Ⅳ・カシーリャス（ポルトガル）Cacilhas 1993（30 × 45cm）：文献B p.157

Ⅴ・ニューヨーク New York 1997（24 × 36cm）：文献Ｂ p.61
Ⅵ・リヴザルト（フランス）Rivesaltes 1998（24 × 36cm）：文献Ｂ p.104
Ⅶ・サラン（フランス）Salins 1998（24 × 36cm）：文献Ｂ p.185
Ⅷ・ニューヨーク New York 1997（24 × 36cm）：文献Ｂ p.60

これらの写真のうちで人物が写り込んでいるのはⅧ（公衆電話を掛けている青いバンダナの男性）だけで、この人物も壁の落書きの黒マスクの襲撃者と結びつくように見えるので、まさに「幻想と対立しない」現実ではある。

また八点はいずれもカラー写真で、ボードリヤールがこれまでに公開した写真（文献A、文献B、邦訳『消滅の技法』など）はほとんどすべてカラーである。このことについては、彼自身が一九九七年パルコギャラリー展の際のインタビューで次のように述べていた。

「私は本当の写真家たち、偉大な写真家たちを大変尊敬していて、そういう意味では、私は本当の写真家であろうという大それた考えはもっていません。〔…〕白黒写真というものには、幻惑（ファンタスム）の、形而上学的な世界が前提として必要です。カラー写真は、はじめに、機械そのものの、写真のレンズの技術です。色は、媒体として「冷たい（クール）」。ということは、多少の距離が置かれることを許す媒体ということになります。ハイパーリアリズムとは言いませんが、それでもなお大事なのは、意味のある実質（シュプスタンス）のなかにいないことです。白黒写真は、ほんとうに意味を担っている。私が思うには、白黒のほうが実在に近い——ふつうに考えるのとは正反対に。カラー写真は、「モノ」のメンタルな現実から結局は遠くへ引き離すのです。〔…〕私はときどき撮った写真を白黒に移してみることを試しにやってみましたからわかるのですが、モノの表面には色が着いていて、〔…〕私のカラー写真は「手を加えられていない」。白黒では、手が入っています。」（ジャン・ボードリヤール・インタビュー「客体の話法」、インタビュアー・與謝野文子、表記を一部改変）：*InterCommunicaton*, No.24 Spring 1998, ICC発行 p.134）

自分は「本当の写真家」になれるとは思わないというごく控えめな言葉に続いて、ボードリヤールはカラー写真が「意味のある実質」の外部にあって「メンタルな現実」から遠ざかっていると述べている。かなり難解な発言だが、カラー写真の記号論的性格（客体性）を白黒写真の意味論的性格（主体性）と対比して示唆していると解釈すれば、ボードリヤールがあえてカラーにこだわる理由が理解できるかもしれない。哲学と写真の実践的な結びつきにつながる貴重なコメントである。

（4）「状況の詩的転移」と「ある写真家の冒険」

このへんでボードリヤール講演に戻ろう。「モノが私たちのことを考えている」という哲学的な命題と、写真家としての彼の個性的活動が端的に結びつくのは、講演中の「写真という活動は詩的転移の状況、あるいは状況の詩的転移のようなものだと言えるでしょう」（本書 p.109）という発言ではないだろうか。「状況の詩的転移」とは、一九九九年の思想書『不可能な交換』（邦訳塚原訳、紀伊國屋書店）の「写真あるいは光のエクリチュール」（本書の講演と内容が一部重なる）と題された写真論で展開された主題でもある。そこでボードリヤールは、イタリアの作家イタロ・カルヴィーノの小説「ある写真家の冒険」（一九五八年の短編集『むずかしい愛』に収録。邦訳は和田忠彦訳、岩波文庫p.73-94）に注目しているので、ストーリーをごく簡単に要約しておこう。

「ある写真家」と言ってもプロのカメラマンではなく、製造会社で配送係をしている独身男性アントーニオ・バラッジのことで、彼は写真に興味などなかったのだが、友人たちの間で写真熱が高まり、自分だけ写真を撮らないでいると次第に孤独感を覚えはじめる。そこで最初は写真に親しむつもりで、頼まれて友人たちのカメラのシャッターを押すことを引き受けるうちに、知り合いの親戚のビーチェという若い女性からスナップ写真の撮影を頼まれ、評判がよかったので二人は意気投合し、彼は骨董品の三脚付き箱型カメラを入手して彼女をモデルに写真撮影に没頭する。

物語の詳細は省略するが、アントーニオの写真への情熱はビーチェへの恋心とともに燃え上がり、やがて二人で暮らすようになると、今度は最新のカメラや望遠レンズ、暗室セットまで買い込み（もちろん銀塩写真全盛期だ）、室内でも街頭でも、ひたすらビーチェを隠し撮りで写し続ける。彼女の写真しか撮影しないことを友人たちやビーチェ自身もいぶかしく思うが、「撮ろうと決めたら、ずっとそれだけを、昼も夜もあらゆる時間に撮りつづけなければいけないんだ。写真が何かの意味をもつとすれば、それは想定できるすべての像を撮りつくしたときさ」と、彼は平然と答えるのだった。結局「彼が手に入れたかったのは、視《み》えないビーチェ、完璧にひとりのビーチェ、その存在が彼や他のすべての人間の不在を前提とするような、そんなビーチェだった」から、アントーニオの異常な情熱に耐えられなくなった「ビーチェは彼を捨てた」。その後、アントーニオは危機的な鬱状態に陥って家に閉じこもり「うつろなまなざしで、丹念にシャッターを切っていった。ビーチェの不在を撮っていたのだ」（岩波文庫版により表記を一部改変）。

ボードリヤールは、ここまでを引用してから次のように書いている――「ひとはよく、写真を見て、写っているものの消滅を口にする。これは前にあった、今はもうない、などど。けれども消滅するのは客体（モノ）だけではない。主体もまたレンズの向こう側で消滅する。シャッターを押すたびに、客体の現実の姿と主体のそれが同時に終わりを告げる。この相互的消滅のなかで、客体と主体の融合が実行されるのである」（『不可能な交換』邦訳書 p.205 表記を一部改変）。究極の写真は客体と主体の「相互的消滅」にたどり着くというボードリヤールの写真論は、じつはカルヴィーノの物語の後半とも重なっている。

ビーチェが去ったあと、アントーニオは「吸殻が山のようになった灰皿、壁に浮きでた染《し》み」など「カメラの視界からも人間の視界からもはみ出てしまうものを残らず写真でカタログにしよう」と思い立ち、「スチームの送水管を除けばまったく何もない部屋の一角」を自分がこの世からいなくなる日まで「そこだけを撮りつづけてみたいという誘惑」にかられるのだ。初出時（一九五五年）の題名「ファインダーの狂気」が想起される展開である。

「状況の詩的転移」（transfert poétique de la situation）が起るのは、おそらくこの瞬間からだ。なぜなら「状況」とは主体の側からの世界と人生のマッピング（地図化）の別名であり、「詩的転移」とはこの種の透視図法で描かれる状況の、モノ＝客体の側への詩的な（非合理的な）反転に他ならないのである。「この融合はいつも成功するわけではない。成功するとしても、条件つきだ。他者性と客体をこの消滅から浮かびあがらせ、転移の詩的状況または状況の詩的転移をつくりだすように（こう言ってよければ）懇願することが、唯一の条件である」と私たちの哲学者＝写真家は訴えるように書いて、詩的転移を通じて「モノが私たちのことを考えている」時空が開かれる可能性を予告していたのだった。

＊

ここからが本来の後記になる。訳者は一九七九年の『消費社会の神話と構造』（故今村仁司と共訳）以来現在までジャン・ボードリヤールの著作の邦訳を手がけ、本人とも数度の来日を通じて直接交流する機会に恵まれたが、阪神・淡路大震災直後の一九九五年二月神戸三宮に同行した際に「写真家」ボードリヤールの姿をまのあたりに見た時から「哲学者＝写真家」としての彼の活動に注目してきた。二〇〇七年三月のボードリヤール歿後は、モンパルナスの故人の墓所訪問をきっかけにマリーヌ夫人とメールの交換をするようになり、日本での二度目のボードリヤール写真展開催の可能性なども検討したが、残念ながら実現にいたってはいない。

そんな事情もあり、ボードリヤールの写真作品をぜひ再度紹介したいと思っていたところ、最近アンヌ・ソヴァージョ氏の『ボードリヤールとモノへの情熱』（本書原書）にボードリヤールの講演録と彼の写真が収録されていることに気づき、またこの著作が、前述の通り主体と客体との関係の逆転を提案したボードリヤールの先駆的な思想に新たな光を当てる意欲的な試みであることから、

「哲学者＝写真家」としての彼の仕事への導入にも役立つ訳書の企画を人文書院編集部の井上裕美氏にお願いしたところ、コロナ禍の困難な状況にもかかわらず、幸いにも関係各位のご理解を得て刊行の運びとなった。

訳書刊行に貴重な助言を下さったアンヌ・ソヴァージョ先生（Madame Anne Sauvageot）、写真掲載を快諾して下さったマリーヌ・ボードリヤール夫人（Madame Marine Baudrillard）、そして出版にいたるすべての過程を通じてご尽力頂いた井上裕美氏に、この場を借りて深い感謝の意を表したい。

二〇二一年五月

塚原　史

著者紹介

アンヌ・ソヴァージョ（Anne Sauvageot）

トゥールーズ・ジャン・ジョレス大学名誉教授。社会学専攻。ヴァーチャル・リアリティの社会的文化的インパクト、デジタルメディアの社会的機能やその影響の研究などで著名。著書に、『感覚の試練——社会的行動からヴァーチャル・リアリティへ』（*L'épreuve des sens: De l'action socilale à la réalité virtuelle*, PUF, 2003）ほか多数。VR研究でフランス政府調査団に参加し来日（1998)。ボードリヤールと交流があり、現在もマリーヌ夫人と親しい。

訳者紹介

塚原史（つかはら・ふみ）

早稲田大学名誉教授。専攻はフランス現代思想、ダダ・シュルレアリスム研究。著書に『ダダイズム——世界をつなぐ芸術運動』（岩波現代全書、2018)、『ボードリヤールという生き方』（NTT出版、2005)、『記号と反抗——20世紀文化論のために』（人文書院、1998)、訳書に、エリボン『ランスへの帰郷』（みすず書房、2020)、ボードリヤール『芸術の陰謀』（NTT出版、2011)、『消費社会の神話と構造』（紀伊國屋書店、1979/2015、共訳)、ボードリヤール×吉本隆明『世紀末を語る——消費社会の行方』（紀伊國屋書店、1995、編訳）ほか多数。来日講演などを通じてボードリヤールと長年交流があった。

JIMBUN SHOIN Printed in Japan
ISBN978-4-409-04116-1 C1010

ボードリヤールとモノへの情熱
——現代思想の写真論

二〇二一年六月二〇日　初版第一刷印刷
二〇二一年六月三〇日　初版第一刷発行

著者　アンヌ・ソヴァージョ
写真　ジャン・ボードリヤール
訳者　塚原　史
発行者　渡辺博史
発行所　人文書院
〒六一二-八四四七
京都市伏見区竹田西内畑町九
電話〇七五（六〇三）一三四四
振替〇一〇〇〇-八-一一〇三

印刷・製本　モリモト印刷株式会社
装丁　上野かおる

乱丁・落丁本は送料小社負担にてお取替いたします。

http://www.jimbunshoin.co.jp/